Mi mundo al revés

Avda. Diagonal, 662-664, 08034 Barcelona (España)
www.planetadelibrosinfantilyjuvenil.com
www.planetadelibros.com
Primera edición: noviembre de 2013
Tercera impresión: marzo de 2014
ISBN: 978-84-9951-521-2
Depósito legal: B. 22.874-2013
Impreso por Egedsa
Impreso en España - Printed in Spain

Las vacaciones por fin han acabado y estoy deseando volver a clase y reencontrarme allí con todos mis amigos. ¡Qué diferente es todo a cuando llegué por primera vez a Buenos Aires, hace ya tantos meses! Entonces vivía sola, encerrada en una torre de cristal, sin amigos y sin más familia que mi padre. Ahora, en cambio, tengo conmigo a mi tía Angie, la hermana de mi madre, y a un montón de amigos como Francesca, Camila, Maxi... ¡Pero si hasta Ludmila, que durante el curso pasado fue nuestra peor enemiga, parece haber cambiado para bien!

Además, mi padre ahora sabe que estoy matriculada en el Studio, la academia de canto y baile, y me deja perseguir mi sueño de convertirme en estrella. Sí, definitivamente, han cambiado muchas cosas en mi vida.

Sin embargo, este nuevo curso que está a punto de empezar trae consigo una nota triste: Tomás, que fue mi primer amor, ya no estará con nosotros porque ha regresado a España. Por si esto fuera poco, León, que durante mucho tiempo fue mi gran apoyo, mi mejor amigo y algo más, hace ya semanas que ni me coge el teléfono, parece como si se hubiese distanciado de mí durante las vacaciones y aún no sé por qué.

Pero no quiero deprimirme. Sé que me esperan grandes cosas este nuevo curso y pienso empezar con buen pie. De momento, voy a ir a recoger a Francesca al aeropuerto, de regreso de sus vacaciones, y después... ¿quién sabe qué aventuras nos esperarán? No importa, siempre y cuando no nos falten la amistad y la música.

Violetta

Capítulo 1

Por fin terminaron las vacaciones y llegó el momento de volver a clase. Lo que más me entusiasmaba de comenzar el nuevo año era reencontrarme con mis amigos, mis nuevos amigos. Esos compañeros de sueños con los que pude descubrir mi vocación. Esa vocación que ya no tenía que esconder.

Justo antes de las clases volví al aeropuerto, pero esta vez no como pasajera en tránsito sino para esperar a mi mejor amiga: Francesca.

Mientras la esperaba, cerré los ojos y los vi, pude verlos en mi mente: todos nuestros amigos estaban ahí, bailando, montando un espectáculo en plena sala de embarque. Una coreografía impresionante entre maletas y carritos, y nuestras voces sonando por la megafonía del aeropuerto. Entonces abrí los ojos y comprendí que nunca más iba a sentirme sola: mis amigos y la música siempre estarían conmigo.

De repente oí que el avión de Francesca había llegado y empecé a correr buscándola por todas partes: ¡no podía creer que mi amiga hubiese llegado y yo, de tanto soñar, la hubiera perdido de vista! Miré hacia todos lados sin encontrarla, hasta que por fin alguien me tocó el hombro y, al volverme, ahí estaba ella: mi amiga del alma.

—¿En qué pensabas? ¡En un chico, seguro! —me preguntó sonriendo, feliz de verme.

—¡Ni te imaginas cuánto te he echado de menos! —le dije saltando de alegría.

¡Nos abrazamos con tanta fuerza que casi nos caímos! Pero el abrazo duró poco porque un grupo de fans nos sorprendió. Querían fotos y autógrafos... ¡nuestros! ¡No nos lo podíamos creer!

—¡Todavía nos reconocen! ¡Esto es raro! ¡Y genial! —exclamó Francesca.

Seguíamos siendo las artistas con más fans en la web. ¡Y lo mejor de todo era que esa misma noche teníamos la fiesta disco de You Mix, donde nos íbamos a reencontrar con todos!

Mientras esperábamos a que Angie, mi querida, hermosa y maravillosa tía, sacara el coche del aparcamiento, nos pusimos al día sobre los temas importantes.

—¿Te has enterado de lo de Tomás? —me preguntó Fran con ojos tristes.

—Sí, se queda a vivir en España —respondí—. Hablamos por Internet algunas veces.

—Él está muy bien. Ha montado una banda allí, así que está contento.

Nos miramos un segundo en silencio. Fran no pudo más y me preguntó a bocajarro:

—¿Y León? Porque hasta donde yo sé no ha salido de Buenos Aires.

—Olvídate. No nos hemos visto en todo el verano —contesté sin poder sostenerle la mirada. Fran negó con la cabeza, algo molesta.

—Dos chicas guapas como nosotras, ¡solitas y sin novio! ¡Algo estamos haciendo mal!

Iba a responderle no sé qué cuando nos interrumpió mi móvil. Era don Antonio, el director del antiguo Studio 21, que acababa de fusionarse con You Mix y ahora se llamaba One Beat. Don Antonio se hizo el misterioso diciendo que quería vernos con urgencia, y lo primero que pensé fue que la fiesta que You Mix había organizado para aquella misma noche se había suspendido. Salimos corriendo a buscar a Angie para volver lo antes posible.

Estábamos nerviosas porquc no sabíamos lo que quería Antonio, aunque admito que lo único que ocupaba mi mente era que me reencontraría con León. Pero antes de llegar al Studio, Francesca descubrió que su maleta no era su maleta: ¡nos habíamos confundido y habíamos recogido la de otra persona! Por suerte su madre iba a ocuparse de reclamarla para recuperarla y ropa no le iba a faltar, yo podía prestarle.

Cuando entramos en el Studio, el corazón me empezó a latir como nunca y me puse tan nerviosa que no lo pude disimular.

—¿Te pasa algo? —me preguntó Fran, dándose cuenta de todo—. ¿Es por León? ¿Porque no quieres verlo o porque sí quieres verlo?

—¿Qué? ¡Ni lo uno ni lo otro! ¡Ni siquiera estaba pensando en él!

Por supuesto, Fran no me creyó. Me senté al piano porque tenía miedo de explotar de tantos nervios y empecé a tocar las primeras notas que me vinieron a la cabeza. Fran no me quitaba los ojos de encima esperando una respuesta.

—No es que no quiera verlo, es que... —No encontraba palabras para explicarle lo que sentía.

—Es que no sabes cómo va a reaccionar él cuando te vea —adivinó Fran, tan clara y precisa como su voz.

Y no necesitamos decir más. Francesca cogió una guitarra y me acompañó, cantando juntas *En mi mundo.* A media canción llegaron Ludmila y Natalia y, para nuestra sorpresa, se unieron a nosotras. Buscaron más instrumentos y comenzamos a tocar. Enseguida aparecieron Maxi, Camila, Andrés y Broduey. ¡Nos unimos cantando y bailando todos juntos! Sin duda ésa era la mejor manera de reencontrarnos. Al terminar, descubrimos que en la puerta estaban Beto, Pablo y Antonio. ¡Y los tres comenzaron a aplaudir, orgullosos! Sin duda, ¡a veces ser feliz es facilísimo!

—Está claro que no habéis perdido la fuerza durante las vacaciones —exclamó don Antonio

—¡Todo lo contrario! —agregó Pablo.

Nosotros nos miramos, felices. Pero algo me preocupaba: León no estaba allí.

—Os he hecho venir porque nos ha llamado la gente de You Mix. Como sabréis, esta noche dan una fiesta. Rafa Palmer iba a actuar, pero lo ha suspendido en el último momento —anunció don Antonio.

Nos quedamos todos de piedra, temiendo lo peor.

—Entonces ¿se suspende la fiesta? —me animé a preguntar.

—¡No! Quieren que vosotros toquéis en su lugar —sentenció Pablo dándonos la mejor noticia que jamás habríamos esperado.

Hubo un grito de alegría general, la noticia nos puso eufóricos... hasta que Andrés mencionó una gran verdad.

—Todo es genial, pero hay un problema: Tomás ya no está y León ha dicho que no va a ir a la fiesta. Sin ellos somos estrellas, pero estrelladas.

—¿Y por qué León no va a venir? —preguntó, preocupada—. ¿Le ha pasado algo?

—No sé, no quiere. O no puede —respondió Andrés, que parecía ocultar algo—. Y no hay manera de hacerle cambiar de idea. ¡Ya lo he intentado!

—¡Hay que ir a buscarlo! —exclamó Ludmila—. ¡No pienso perderme esta oportunidad por Lion!

Todos me miraron. Para ellos, yo era la única capaz dc convencer a León para que cambiase de opinión.

Andrés lo sabía todo: León estaba participando en una carrera de motocross, y fuimos allí. Pero, cuando llegamos, León estaba en medio de una carrera, no podía vernos.

—Al único cartel que le prestan atención los corredores es al que les muestran desde boxes —dijo Andrés.

Entonces se me ocurrió. Me convertí en una perfecta asistente de boxes de motocross poniéndome una gorra y hasta el mono del equipo técnico. Sorteé todos los obstáculos hasta lograr quedar bien a la vista de León y levanté un cartel gigante que decía: "SOY VIOLETTA. TENEMOS QUE HABLAR. URGENTE".

Claro que antes de que León pudiera verme me descubrió uno de los jefes de boxes, que quiso impedir mi misión. Me aferré al cartel con todas mis fuerzas. ¡No podía permitir que León no me viera!

Entre tanto forcejeo salí despedida y caí en medio de la pista; mi gorra voló por los aires y León me reconoció rápidamente. Oí el estruendo del acelerador de su moto, luego los frenos, y el sonido de las ruedas derrapando a pocos centímetros de donde estaba yo, todavía en el suelo. Lo miré y vi que estaba cruzándose en el camino, creando una barrera para protegerme. El resto de los corredores tuvieron que frenar bruscamente y la carrera se interrumpió. León corrió hacia mí quitándose el casco y me levantó en sus brazos. Yo viví todo ese momento a cámara lenta, como si lo estuviese soñando.

—¿Estás bien? —me preguntó, preocupado.

—Creo que sí —le respondí, entre asustada y fascinada, y solté de golpe—: ¡Vamos a reemplazar a Rafa Palmer en la fiesta de You Mix!

León me miró con el ceño fruncido. No parecía que mi gran hazaña le hubiese hecho mucha gracia, sobre todo porque por mi culpa lo habían descalificado de la carrera.

—Ya dije que no voy a ir a esa fiesta —respondió, partiéndonos el corazón a todos.

Lo miré a los ojos.

—Es por mí, ¿no?

—Andrés os avisó. No tendrías que haber venido —respondió él, esquivando mi pregunta.

—Sí, pero yo he pensado que si venía podría convencerte...

León me miró y yo le sostuve la mirada. Necesitaba escuchar lo que decía su corazón.

—Te he echado de menos... —confesó, para mi sorpresa.

—¿Cómo? —pregunté torpemente.

—¿Cómo? —repitió él, a la defensiva—. También he echado de menos al Studio y todo eso.

—Bueno, pues entonces ésta es la oportunidad de volver a estar todos juntos —dije, intentando animarlo.

Me sentía como una tonta. Él lo había dicho bien clarito: "Te he echado de menos". ¿Y qué hice yo? ¡Le supliqué que viniera a la fiesta, fingiendo no haberle escuchado!

—Por favor, León. La fiesta de esta noche es muy importante para todos. Lo es para mí... —Se lo dije sinceramente, era lo que sentía en mi corazón.

Sonrió. Su mirada se había suavizado y entonces supe que León estaría con nosotros esa noche.

De vuelta en casa con Fran, logré que dejase de lamentarse por su maleta ofreciéndole una montaña de ropa de los años 80. Teníamos opciones de sobra, así que, superado el tema del vestuario, reapareció el "temita" más importante.

—¿Todo bien con León? —me preguntó, como si nada—. No me digas que no te pasa nada. Antes ya estabas mal, pero ha sido hablar con él y ahora estás peor.

No podía mentir a mi mejor amiga, así que acabé admitiendo mis sentimientos.

—Sí, hemos hablado y está todo bien..., anque creo que León no quiere nada conmigo.

—Pues a mí me parece todo lo contrario —dijo ella—. Pero a ti te pasa algo más y vas a decírmelo ahora mismo.

—¡Vale, es que... tengo miedo! Quiero que este año sea perfecto. No quiero que nada lo estropee. Deseo ser feliz, feliz de verdad. ¡Feliz con mayúsculas!

—¡Y vas a serlo, amiga mía!

Nos abrazamos. Estábamos seguras de que teníamos el mejor de los años por delante. Claro, ¡yo ni siquiera imaginaba la de cosas que iban a pasarnos! Después, Fran se fue corriendo con su vestuario. Nos reencontraríamos en la fiesta. Me puse a ordenar el desastre pensando que, sólo un año atrás, cantar e ir a una fiesta sin tener que mentirle a mi papá habría sido imposible.

La fiesta se celebró en una casona ambientada al estilo disco de los años 80. ¡Muchas luces y color! Era como viajar en el tiempo. Todos acudimos vestidos con detalles de esa época, pero lo mejor de todo es que, al llegar, León estaba ahí.

¡Fue increíble! En el escenario cantamos *Ser mejor* como si hubiésemos estado todo el verano ensayando. Me encantó volver a cantar con León, durante la canción me sentí totalmente en conexión con él. Nos entendíamos con una sola mirada. Disfruté mucho, y el público estaba eufórico. Pero, después de tocar, todos nos dispersamos y León ni siquiera vino a hablar conmigo. Yo no quería estar sola,

así que comencé a buscar a Francesca por todos lados. Al subir la enorme escalera de la casona me pasó algo horrible, espantoso y vergonzoso: vi a León y... tropecé. ¡Tropecé, me torcí el tobillo y perdí el zapato! ¡Todo a la vez!

León intentó cazar mi zapato, que había caído rodando por la escalera, pero se le escapó de las manos. El zapatito rodó sin rumbo mientras yo sentía que aquélla ya no era la escena de *Cenicienta* y que León no había podido ser mi príncipe azul. Fue ahí cuando ocurrió lo más inesperado: mi zapato fue a parar a manos de un chico que me sonrió con una mirada encantadora. León lo miró con su peor cara, y los dos acabaron frente a frente sosteniendo mi zapato. ¡Y encima el misterioso príncipe se hizo el gracioso! ¡Eso sí que no era una escena de cuento de hadas!

—¿Es tuyo? —le preguntó a León, burlándose, señalándole mi zapato. De pronto se volvió hacia mí—. ¡Ah, ya entiendo! Tú eres Cenicienta y éste es tu zapato —agregó con acento español mientras me sonreía.

León lo miró con su peor cara.

—Tú no te pongas celoso, que no es de tu talla —siguió burlándose el chico.

—¡Dame el zapato si no quieres que te convierta en calabaza! —lo amenazó León con voz ronca.

El chico insistió con sus chistes malos, le hizo un comentario a León sobre su peluca afro de look "ochentero" y ahí cometí el error de reírme. Me parece que eso fue lo que más le molestó a León.

—Si tanta gracia te hace este payaso, te dejo con él —me soltó, más serio que nunca.

Y se fue.

Quise ir detrás de él, pero antes tenía que recuperar mi zapato. El príncipe misterioso se arrodilló cortés para cumplir mi deseo de Cenicienta, tomó mi zapato, me miró a los ojos y, antes de calzármelo... ¡tuvo que seguir haciéndose el gracioso!

—¿No está un poco pasado de moda este modelito?

—¡Dame mi zapato! —exclamé furiosa, y traté de arrebatárselo.

—¡El zapato está pasado de moda, pero a ti te queda increíble!

—¡No intentes arreglarlo! ¡Dame mi zapato!

Y como dos tontos empezamos a tirar de mi zapato. Yo estaba furiosa y él seguía haciéndose el gracioso. De tanto forcejear salí despedida y caí sentada en medio de la escalera.

—¡Eres un...! —Era incapaz de encontrar el insulto más apropiado y simplemente lo miré con odio hasta gritar—: ¡Un colgado, eso es lo que eres!

Me levanté, le tiré el zapato a la cabeza y me fui cojeando, furiosa y desesperada. Quería encontrar a León, pero en su lugar me crucé con mi padre. Allí, en medio de mi fiesta, estaba él, buscándome para que volviésemos a casa. Y yo, a esas alturas, ya estaba descalza: mejor eso que andar como una loca con un solo zapato.

—Tu madre hacía lo mismo —dijo mi padre, emocionado, creyendo que me había descalzado para bailar más cómoda.

Al final accedí a volver a casa con papá. La oportunidad de aclarar las cosas con León se había arruinado por completo aquella noche. ¡Y todo por culpa de aquel creído, arrogante, soberbio y colgado falso príncipe! Me costó muchísimo dormir. No podía dejar de pensar en León y en por qué no le había dicho que yo también lo había echado de menos.

Capítulo 2

Por fin llegó el primer día de clases y don Antonio nos dio la bienvenida a todos. Así conocimos a Jackie, la nueva profesora que reemplazaría a Gregorio. Pablo nos dijo que era superexigente y una gran bailarina. Jackie era muy guapa, pero, no sé..., tenía algo raro en la mirada, como si escondiera

algo. Pero enseguida dejé de pensar en eso porque, ¿qué podía saber yo de Jackie? Era absurdo, la acababa de conocer. Además, por estar pensando esas cosas me perdí la mitad de lo que nos estaba diciendo Pablo.

Intenté acercarme a León pero no hubo manera, sólo le interesaba hablar del Studio y de You Mix. Intenté tocar el tema de la fiesta, necesitaba que él supiera que no me había querido reír del chiste del falso príncipe. Le dije que me pareció un colgado y le pedí que habláramos de nosotros. No podía ser que no nos hubiéramos visto en todo el verano.

—¿Qué pasa, es que has cambiado de idea? —me soltó, cruzándose de brazos.

—¿Sobre qué?

—¿No fuiste tú la que dijo que éramos demasiado jóvenes y que si no seguíamos juntos no era el fin del mundo?

Por fin podía entender por qué estaba tan raro conmigo. Estaba claro que aquella frase que yo había dicho cuando creí que mi padre me iba a alejar de Buenos Aires le había dolido. Intenté arreglar la situación, pero no me salían las palabras.

No me atreví a decirle lo mucho que lo había echado de menos. Bueno, sí que me atreví, pero no me dio tiempo, porque justo entonces entraron nuestros compañeros y nos interrumpieron. León me miró, molesto, y se alejó de mí negando con la cabeza. Estaba claro que acercarme a él no iba a ser nada fácil.

Cuando comenzó la primera clase, todos parecían ansiosos por ponerse a trabajar, pero la mayoría también parecían más interesados en ver quién tenía más seguidores en las redes sociales. Por suerte, Pablo propuso un

ejercicio para conectarnos con la emoción. A mí me tocó componer un tema, pero no podía concentrarme. Necesitaba hablar con León y arreglar las cosas con él.

Francesca y Camila me invitaron a ir a un karaoke esa misma noche para que me relajara. Yo creí que mi padre no me dejaría salir porque ya habíamos salido la noche anterior pero, para sorpresa de todas, ¡me dio permiso!

Aquella noche fue una sorpresa tras otra. Llegamos al karaoke y detrás de nosotras aparecieron Naty y Ludmila.

—¡Ay, no! ¿Qué hace Ludmila aquí? —gimió Camila sin poder disimular su desagrado.

—*Hello!* —exclamó Ludmila, más simpática que nunca.

—¡Lo único que te pido es que no nos arruines la noche! —se adelantó Francesca, siempre tan directa.

—¡Me parece fatal que me tratéis así! —lloriqueó la rubia—. ¿Qué tengo que hacer para que me creáis! ¡He cambiado! —Todas nos miramos porque no la veíamos muy distinta—. ¿A que es verdad, Naty, a que he cambiado?

Naty asintió, un poco presionada, pero yo decidí confiar en ella. ¡Año nuevo, vida nueva! Preferí darle una nueva oportunidad. Ludmila me lo agradeció con un abrazo gigante y, cuando nos separamos, llegó la peor sorpresa: ¡el creído y arrogante colgado de la noche anterior estaba allí!

—¡Hola, qué bien que habéis venido! —nos saludó.

—¡Pues sí, aquí estamos! —le respondió Francesca, muy natural.

Entonces entendí que había sido él quien nos había invitado al karaoke.

—¿Es que lo sabías? —le pregunté a Fran, enfadada. Estaba claro que ella lo conocía.

—Éste es Diego —lo presentó Francesca mientras el muy creído seguía esforzándose para caerme cada vez peor.

—¡Qué bien que estés aquí! —me dijo, haciéndose el simpático.

—He venido con mis amigas. No sabía que... —le corté, superfría.

—Bueno, pero, ya que has venido, le sacaré provecho —me interrumpió él, ignorando mi mal humor—. He reservado esa mesa para nosotros dos. Tus amigas se pueden sentar por ahí, así tú y yo podremos hablar tranquilos de lo nuestro.

—¿Y qué te hace pensar que quiero hablar contigo? —repliqué, intentando ser más antipática que antes.

—Eres la persona más guapa y con

menos sentido del humor que conozco —me soltó el muy arrogante.

Intenté cortar la conversación ahí mismo.

—¡No pienso compartir una mesa con él! —le aclaré a Francesca.

—¡Perdona! —me susurró Fran con cara de disculpa—. ¡Es el chico que tenía mi maleta! Empezamos a hablar y me dijo que te había visto y que quería conocerte. No sabía que hubiese mal rollo entre vosotros...

Diego se nos acercó con aquella sonrisa arrogante que tanto me molestaba y dijo:

—No pasa nada. Ya sé que te resulta difícil asimilar lo que sientes por mí, necesitas tiempo. —Y guiñándome un ojo, añadió—: Nos vemos luego.

Me pareció insoportable, detestable, un verdadero estúpido.

—¿Por qué lo tratas así? —exclamó Camila,

siguiéndolo con la mirada—. Pero ¡si está buenísimo!

—¡Pues, si tanto te gusta, le pongo un lazo y te lo regalo! —resoplé, aún más enfadada. Y luego añadí, mirando a Fran—: ¡Eso no ha estado bien! ¡Me lo has ocultado a propósito!

—¡No! ¡Yo sólo quería que saliéramos las tres...! —dijo, poniendo ojitos de inocente.

Por suerte empezó el karaoke y el primero en subir fue un chico majísimo, Marco, que cantó *Junto a ti*. Llevaba un pañuelo en la cabeza como los que usa Francesca, y era muy gracioso ver cómo la imitaba. Se notaba que había estudiado cada uno de los gestos de mi amiga. A las chicas les encantó, les pareció súper mono, pero él tenía ojos sólo para Fran. Le cantaba a ella y hasta logró hacerla subir al escenario para terminar el tema a dúo.

Ludmila también subió a cantar. Nos lo

estábamos pasando genial cuando llegaron Andrés, Maxi y Broduey. Naty estaba pendiente de Maxi, y Camila enfadada con Broduey, que no hacía más que incordiarla.

—¿Has visto? —me soltó Camilla, muy ofendida—. ¡Es que no se entera de nada! ¡Yo ni le hablo y él cantando ahí, tan contento!

—Está cantando con sus amigos. ¿Qué quieres que haga? ¿Que llore?

—¡No le duele que hayamos roto!

Mientras Cami sufría por Broduey, Naty parecía cada vez más enamorada de Maxi, y Francesca no podía dejar de mirar a Marco. Y en medio de todo eso, el pesado de Diego parecía decidido a arruinarme la noche y se me acercó cuando fui un momento a la barra.

—He venido a ofrecerte el zapato de la paz —me dijo el muy idiota con mi zapato en la mano.

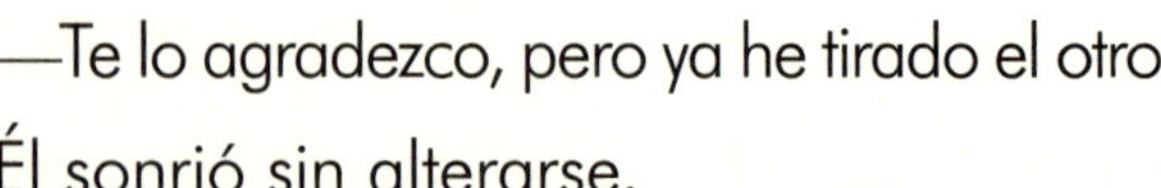

—Te lo agradezco, pero ya he tirado el otro.

Él sonrió sin alterarse.

—Entonces guárdalo como un recuerdo del día que nos conocimos.

—Prefiero olvidarme de ese día infame.

Me fui dejándolo con la palabra en la boca. Volví a la mesa junto a Francesca y en ese momento se nos acercó Marco. El chico, monísimo, le dijo a Fran que era su admirador y ella casi estalló de felicidad.

Por fin llegó mi turno para cantar, y justo en mitad de la canción llegó León. ¡La mejor sorpresa de la noche! Subió al escenario y juntos cantamos *Podemos*.

Cuando terminamos la canción, los dos nos miramos, emocionados.

—Sigue siendo... —empezó León, intentando encontrar la palabra justa para eso que sucede cuando cantamos juntos.

—"La magia te trajo hasta mí..." —susurré yo.

Él sonrió con ternura, de esa forma que siempre consigue derretirme el corazón, y dio un paso hacia mí, diciendo:

—Me parece que tú y yo tenemos que hablar.

Creí que iba a besarme pero justo entonces, cuando estábamos a punto de reconciliarnos..., ¡el cretino de Diego nos interrumpió!

—Quiero dedicarle este tema, que seguramente ella conoce, a la chica más especial, más maravillosa, más... No me alcanzan las palabras para describirla. ¡Violetta! —exclamó Diego desde el escenario, sin importarle la presencia de León.

A León le cambió la cara y yo no supe qué hacer. Miré a uno y a otro sin saber qué decir, y de pronto el muy cretino empezó a

cantar *Voy por ti.* León se puso furioso y hasta quiso subir al escenario y bajarlo a puñetazos, pero yo intenté detenerlo. ¡No podía permitir que llegaran a las manos!

—Nos ha visto cantando, ¿y va y te dedica el tema? —casi rugió León—. ¡Que además es "mi" tema!

Tenía razones de sobra para estar enfadado, pero yo tenía que calmarlo.

—No, déjalo, no vale la pena. ¡Vamos!

—¿Te gusta? —explotó de pronto él, mirándome con rabia—. ¡Por eso has venido! ¡Para verlo a él!

Me quedé de piedra, no podía creer que se hubiese armado semejante lío. Mi silencio no hizo más que empeorar las cosas, porque León lo tomó como una confesión.

—No hace falta que digas nada —siseó, dolido, y se fue.

Miré a Diego enfadadísima, pero estaba claro que a él todo le resbalaba. Me sonrió mientras cantaba, entusiasmado. Había logrado su propósito: separarme de León.

Me fui a casa furiosa con Diego. Quería llamar a León e intentar arreglar las cosas con él, pero, aunque lo intenté, al final no tuve el valor de marcar su número.

Al día siguiente desayuné con papá, que hizo un esfuerzo enorme por no preguntarme cada detalle de la noche anterior. Me dio ternura verlo luchar contra sus celos. ¡Y partí rumbo a la clase de baile!

Jackie, la nueva profesora, nos machacó. En un descanso intenté hacerle una corrección a Ludmila y se desató la tormenta.

—¿Perdón? Yo hace años que bailo,

sweety. ¿Y tú cuánto hace, eh? ¿Cinco minutos? ¡No eres quién para darme consejos!

Me contuve y preferí no responder, pero Francesca saltó a defenderme.

—Hará cinco minutos que baila, pero ya es mucho mejor que tú —sentenció, lo que enfadó aún más a Ludmila.

—¡Habló la profesora! Si vamos a ponernos a juzgar, a mí me parece que tu amiga es torpe y poco precisa —agregó Ludmila, sabiendo que yo iba a reaccionar.

—¿Quién dices que es torpe? —casi grité.

Natalia intentó mediar para que no se armara una bronca de esas que no tienen vuelta atrás, pero ya era demasiado tarde y un segundo después estábamos todas peleándonos.

—Con qué ganas te demostraría que estás equivocada —le solté.

—¡Demuéstraselo! ¡Se lo merece! —me animó Camila, indignada.

—Sí, demuéstramelo. ¿O es que tienes miedo? —preguntó Ludmila, desafiándome—. ¡Acepto el desafío! Tú y yo, mano a mano, a ver quién baila mejor.

Intenté terminar la discusión ahí, sabiendo que seguirle la corriente a Ludmila sólo nos traería problemas. Pero la rubia ya había puesto la directa y se volvió hacia el resto de nuestros compañeros buscando su apoyo.

—No es mala idea un desafío. Pero si me tienes miedo es porque sabes que soy muy superior. ¿No, chicos? —les preguntó.

En aquel momento, Jackie volvió a clase y enseguida quiso saber qué pasaba. Yo intenté quitarle importancia y retomar la clase pero, para mi sorpresa, Jackie se entusiasmó con la iniciativa de Ludmila.

—Me parece bien que dejéis salir vuestras emociones. Ése es el objetivo de este ejercicio. Un desafío no tiene por qué ser necesariamente algo negativo. Dentro de una clase, con una consigna clara, puede ayudar a que los participantes saquen lo mejor de sí mismos —dijo Jackie aprobando la competencia.

A Ludmila le encantó la idea, pero a mí no me gustó nada, aunque no podía darme por vencida.

—Llamémoslo un duelo de emociones —continuó Jackie—. Os vais a enfrentar usando la coreografía que estamos ensayando. Sólo podréis usar esos elementos. Yo iré citando distintas emociones, y vosotras usaréis los pasos aprendidos para expresarlas. ¿De acuerdo?

Comenzó la música. Jackie nos daba las indicaciones y nosotras bailamos como nunca, pasando de la alegría a la tristeza y de la tristeza a la euforia. Las dos nos lucimos sacando lo mejor de cada una. Al terminar, la profesora dio el veredicto: ¡empate!

—Te felicito, Violetta —me dijo Ludmila con sinceridad en sus ojos.

—¿Y esto? ¿Dónde está la trampa? —intervino Francesca con desconfianza.

—No hay trampa, las dos hemos ganado. Violetta lo ha hecho muy bien —aceptó Ludmila.

Las chicas no se mostraron muy convencidas de la reacción de Ludmila, pero yo elegí creerla y celebrarlo. Nos estrechamos la mano, triunfales y orgullosas después de la tarea cumplida. Hacer las paces con Ludmila y que dejara de molestarme era mucho más de lo que podía desear.

Capítulo 3

El timbre de casa sonó y fui a abrir la puerta. Pero, en cuanto lo hice, quise cerrarla de nuevo de un portazo porque... ¡ahí estaba él, Diego! El creído insoportable que se había convertido en el responsable de todos mis males.

—¿Qué haces aquí?

—He venido a hablar contigo, ¿puedo? —dijo, intentando entrar.

—¡Ni en broma! ¡Yo no tengo nada que hablar contigo! ¡Lárgate! ¡No quiero hablar! —Traté de echarlo, pero nunca había visto a un chico más insistente, más insolente y más seguro de sí mismo.

—¿Y por qué no? Sé que te gusto y necesito que hablemos de lo que pasó anoche.

No me lo podía creer, aquel chico era algo increíble. ¿Cómo podía imaginar que me podía llegar a gustar alguien como él?

—Te canté una canción y te fuiste sin despedirte. Eso no está bien, una cosa es que no tengas sentido del humor y otra que seas una desagradecida.

Respiré hondo e intenté ser clara para que me entendiera y dejara de causarme problemas, pero él siguió insistiendo.

—¿Es por tu novio? —preguntó por fin.

—No tengo novio.

—Entonces he llegado en el momento indicado. —Sonrió, desafiante.

Cada frase que me decía me ponía de peor humor. Intenté terminar la charla, quería que se fuera, pero él insistía en hablar. Me ganó por cansancio y acabé aceptando hablar con él, aunque preferí hacerlo fuera de casa. Grité hacia la cocina que me iba a la biblioteca y salimos.

Fuimos a la plaza y él se sentó en un banco mientras yo no dejaba de pasearme de un lado a otro, furiosa: ya no sabía cómo pedirle que me dejase en paz.

—¡No quiero que vuelvas a aparecer por mi casa nunca más! —casi grité—. ¡Lo que hiciste fue una locura!

—¿Así piensas tratarme?

—¿Y cómo quieres que te trate? ¡Me has seguido hasta mi casa y me has hecho salir corriendo! ¡No sé cómo tengo que decirte que me pareces un creído y que no quiero nada contigo! —le expliqué tratando de ser lo más convincente posible.

—Si fuera cierto, no estarías aquí —me dijo, sonriendo muy tranquilo mientras yo explotaba.

Diego logró irritarme. Decidí irme en ese mismo momento pero no me dejó. Me tomó del brazo y me miró a los ojos.

—Basta, Violetta, sólo te estoy pidiendo una oportunidad para que me conozcas. Vamos, Violetta, ¿cuándo reconocerás que sientes algo por mí?

Yo lo miré, perpleja. Realmente me superó su imaginación. ¿A partir de qué momento este chico empezó a creer que me gustaba?

De repente nos sobresaltó un grito cercano:

—¡Suelta ahora mismo a mi hija! —Era mi padre, más furioso que nunca.

Traté de calmarlo, pero no me dejó ni hablar. Diego intentó darle explicaciones, pero era el menos indicado. Le pedí que se fuera y que me dejara a solas con mi padre. ¡Bastantes problemas me había traído ya!

—Me has defraudado, Violetta —me dijo mi padre.

Yo también estaba enfadada con él. Estaba claro que si estaba allí, en la plaza, era porque me había seguido.

—Pensaba que confiabas en mí —repliqué, dolida.

—¡Sí, *confiaba* en ti!

—Y entonces, ¿por qué me has seguido?

Di media vuelta y me fui. Papá seguía gritando a mis espaldas pero yo sabía que si

hablábamos estando enfadados no llegaríamos a nada bueno. Caminaba furiosa rumbo a casa cuando de pronto sonó mi móvil. Contesté con mi peor voz pensando que sería papá. Pero era ¡León!

—Hola. Necesitaba hablar contigo... Pero si no es buen momento...

Me hizo tanto bien escucharle..., los dos sabíamos que necesitábamos hablar. Quedamos en encontrarnos en una hora en su pista de motocross.

Fui a casa, me arreglé y traté de no pensar más en mi enfado con papá y con Diego. Lo importante era que por fin iba a poder aclarar las cosas con León.

Cuando estaba a punto de salir apareció papá. Él quería hablar, pero le dije que no podía.

—¿Qué haces así vestida? —me preguntó de pronto.

—Voy a encontrarme con León.

—¿Qué pasa, que ahora sales todos los días? ¡Y encima mientes!

—¿Cuándo te he mentido? ¡Te estoy diciendo la verdad, pero a ti no te gusta escucharla!

—¡Has dicho que ibas a la biblioteca y te has ido a la plaza! ¡A encontrarte con un chico!

Me quedé muda. Papá tenía razón, yo había mentido. ¡Pero él estaba mezclándolo todo! Intenté que me escuchara, pero era imposible, estaba muy enfadado. En ese momento sonó mi móvil: era León. Quise contestar para explicarle que se me había complicado la tarde, pero papá no me dejó, cogió el teléfono y cortó. Lo miré muy dolida y le dije que jamás le perdonaría lo que acababa de hacer.

Cuando llegó la noche yo seguía intentando hablar con León, que no me cogía el teléfono. No aguanté más y decidí ir a buscarlo.

Angie me vio cuando estaba a punto de salir, le conté lo que había pasado y se ofreció a acompañarme. Angie no quería mentirle a mi padre, si me acompañaba se lo tenía que decir antes. Decidí arreglar esto sola, prometí volver rápido y, cuando estaba a punto de salir, ¿quién había al otro lado de la puerta? ¡Diego!

—Hola, preciosa —me dijo sonriendo, haciéndose el galán.

—¡No me lo puedo creer! ¿Qué haces aquí?

—Tengo que hablar con tu padre —dijo el muy idiota—. No me moveré de aquí hasta que hable con él.

Entró y se sentó en un sillón. Angie no entendía nada y él empezó a darle conversación haciéndose el sociable. Después llegaron Ramallo y Olga, ¡y él ahí instalado, presentándose ante toda mi familia!

—¡Fuera! ¡Lárgate ahora mismo o...! —No conseguí terminar la frase porque entonces apareció a mi padre.

Si veía a Diego allí se iba a armar. Por suerte Angie fue lo suficientemente rápida e interceptó a mi padre antes de que pudiera verlo. Ramallo también colaboró tapándole la boca para que no dijera una sola palabra. Olga no entendía nada, pero por suerte tampoco metió la pata. Entre todos me ayudaron y mi padre no se dio cuenta de lo que pasaba. Volvió a su despacho, ajeno a todo, y yo por fin logré echar a Diego de casa. Pero no pude salir a buscar a León.

Al día siguiente fui al Studio, tenía que concentrarme y componer mi canción, pero el enfado no me dejaba. Estaba indignada

con Diego y no podía pensar en nada más. En pleno momento de crisis creativa apareció León. Traté de darle todo tipo de explicaciones, disculpas, justificaciones, pero él se mostró distante.

—Está bien... Entiendo.

—Por favor, hablemos. Necesito que sepas que... —Y cuando estábamos a punto de hablar, llegó Beto y le pidió a León que se retirase para seguir trabajando conmigo en mi composición.

Cuando pensé que ya había terminado mi día en el Studio apareció Diego. ¡El muy colgado fue al Studio para hablar conmigo! Le dije que no me interesaba hablar con él, pero se puso más insistente que nunca y en medio de la discusión... ¡llegó León!

—León, no pienses nada raro —intenté explicarle—. Diego ha aparecido de repente y yo...

—¿Por qué le das tantas explicaciones? —preguntó Diego—. ¿Es tu novio?

—¿Y a ti qué te importa? ¿Tú quién eres? —replicó León, dando un paso adelante.

—Soy Diego, su futuro novio —contestó el muy caradura, tendiéndole la mano.

—Pero ¿qué dices? —lo interrumpí, indignada. No podía creer que ese chico fuera tan desagradablemente creído.

—Era broma. Para que nos relajemos un poco —agregó, haciéndose el gracioso, como siempre.

León empezó a meterle bronca. Quería saber qué quería de mí y Diego se hizo el comprensivo, explicando que quería disculparse conmigo por haberme causado problemas con mi padre y con mi "amigo". Así se refirió a León. Le pedí que se callase, que no necesitaba más disculpas, ni oírle ni nada. Cada vez que hablaba conmigo, me metía en más líos.

—Entonces sí que te he causado problemas con aquí tu "no-novio" —dijo él.

León le puso su peor cara. Me asusté, creí que llegarían a las manos, pero por suerte llegó Beto y los obligó a irse.

Fue un día complicado y por la noche, ya en casa, traté de avanzar en mi composición, pero Fran me tuvo largo rato al teléfono muy confusa porque, después de una única cita con el monísimo Marco, el chico le había propuesto que fueran novios y Fran creía que iba muy rápido. Cuando logré cortar con ella, mi móvil volvió a sonar y, para mi sorpresa, volvía a ser Diego.

—¿Cómo has conseguido mi número?

—Me lo ha dado tu padre.

—¿Mi padre? —exclamé, asombradísima.

—¡Ay, eres tan inocente! —se rió, burlándose de mí.

Le dije que me ponía de los nervios, que jamás podría salir con alguien como él, y le colgué el teléfono. No pasó ni un segundo cuando llamaron al timbre de casa. Por suerte no era el pesado de Diego, sino León.

—Sé que tendría que haber llamado antes, pero no puedo esperar. Necesito que hablemos.

—Me alegro, porque después de lo que ha pasado con ese chico me sentía fatal. —León me miró sin decir nada. Yo necesitaba que me creyera—. Quiero que sepas que no conozco a Diego. No sé de dónde ha salido, no sé qué le pasa conmigo, por qué aparece en el Studio, aquí...

—¿También ha estado aquí? —preguntó, sorprendido.

Yo asentí con la cabeza, no quería mentirle, pero le expliqué que no tenía nada con él, ni quería tenerlo. León me miró y creo que suspiró. Lo noté más tranquilo.

—¿Me crees? —le pregunté.

—Claro que te creo —contestó, tomándome de la mano—. No me preocupa lo que pasa con él... Me preocupa lo que pasa entre nosotros.

Me quedé muda. No sabía cómo decirle lo que sentía.

—¿Qué pasa con nosotros, Violetta? Necesito saberlo —preguntó, mirándome a los ojos.

—No estoy segura —le respondí sin poder sostenerle la mirada.

Él me miró, descolocado. No esperaba esa respuesta.

—No quiero que sufras —le aseguré—.

No quiero que ninguno de los dos salga lastimado de esto.

—¿Entonces? —preguntó él con cara de desconcierto.

—Quiero estar segura de lo que estoy haciendo. Por ti y por mí.

—Me parece lo mejor. No quiero volver a pasarlo tan mal como con Tomás.

Me dio un beso tierno en la mejilla y se fue. No sé.... ¿Debí decirle otra cosa? Quise ser clara y sincera, pero sólo conseguí que León se fuera.

Capítulo 4

Al día siguiente iba con prisas y estaba a punto de salir hacia el Studio cuando mi padre quiso hablar conmigo sobre el episodio de la plaza. No quería llegar tarde, pero le pedí perdón por haber mentido y le expliqué lo que había pasado. No había sido mi intención mentirle; de hecho, no quería tener que

mentirle nunca más. Papá me entendió, me abrazó, e hicimos las paces, pero ¡a los pocos segundos lo pesqué a punto de leer un SMS de mi móvil! Me fui al Studio hecha una furia. ¿Todos los padres hacen lo mismo? ¿Todos los padres tienen tanto miedo?

Intenté concentrarme en mi composición pero no pude. Fran me aconsejó que si no podía dejar de pensar en León, hablara con él, que yo ya sabía que la verdad era la ruta más corta para todo.

—¡Tienes razón! ¡Tengo que hablar con él y decirle cuánto le echo de menos! *Ciao!* —Y salí lo más rápido que pude en dirección a la pista de motocross donde estaba entrenando León.

Llegué al lugar y me encontré con Lara, la mecánica de motos, que me recibió con muy mala cara.

—Por ti lo descalificaron el otro día, ¿no? —me preguntó sin siquiera saludarme.

Acepté mi culpa y me quedé a un lado esperando a León.

—Trata de no romper nada —me dijo ella, antipática.

Mi padre me llamó al móvil. No quise mentirle, así que le conté que estaba visitando a un amigo en la pista de motocross, pero prometí volver a casa cuanto antes y le colgué. Yo seguía enfadada por su desconfianza. Sé que en realidad no era desconfianza sino miedo a que me pasara algo. Pero cuando hacía esas cosas era como si el año pasado no hubiera aprendido nada. ¡¿Cómo podía espiar mi móvil?!

Me quedé mirando cómo corría León hasta que alguien me tocó el hombro y, al volverme, casi me desmayé al ver que era el insoportable de Diego.

—¿Qué casualidad, no? He venido a ver a un amigo —me dijo, muy contento de verme.

En ese momento oí el sonido del acelerador de León más fuerte que antes. Miré a Lara y la noté preocupada.

—¿Qué pasa? —le pregunté, asustada.

Lara no me contestó, no apartaba la vista de la pista. Volví la mirada hacia León y vi cómo aceleraba justo antes de dar un gran salto. La moto voló bastante alto y, al tocar el suelo, León cayó en medio de una nube de tierra que no nos dejó ver nada más. Lara corrió hacia él y yo fui detrás.

—¡León! ¡¿Estás bien?! —grité, desesperada al verlo en el suelo sujetándose el tobillo.

León intentó quitarle importancia a lo ocurrido y quiso ponerse en pie.

—¡No te muevas! Puedes tener algo roto —le aconsejó Diego.

—¡No me digas lo que tengo que hacer! ¿Vale? —le cortó León con el ceño fruncido, y luego me miró a mí—. ¿Por qué lo has traído?

Traté de explicarle que yo no había llevado a Diego y que no tenía ni idea de qué estaba haciendo aquel molesto chico allí. Le pedí a Diego que se fuera, y por suerte, accedió. Los médicos llegaron y comenzaron a examinar a León. Yo me quedé a un lado. El clima estaba bastante tenso y, cuando quise ayudarlo, él me apartó bruscamente, apoyándose sólo en Lara.

Volví a casa, muy preocupada por él. Necesitaba hablar con Angie, pero al llegar me encontré con una sorpresa: Angie tenía una maleta en la mano y mi padre estaba más serio que de costumbre.

—Angie se va —anunció él.

Yo los miré sin comprender.

—Vuelvo a mi casa —explicó mi tía.

Miré a mi padre, furiosa.  

—¿Qué has hecho ahora? —lo acusé.

—Nada. Yo necesito mi espacio, mis cosas, estar en mi casa... —empezó Angie.

—Pero ¡ésta es tu casa...!

—Sí, pero no... Voy a seguir dándote las clases y vamos a vernos todos los días en el Studio, no va a cambiar nada.

Seguía sin entender qué había pasado. Angie me abrazó, luego miró a mi padre, le sonrió con tristeza y se fue. Yo también miré a papá con los ojos llenos de lágrimas. No podía creer que la dejara marchar así.

—Si es lo que ella quiere, ¿qué puedo hacer yo? —suspiró él con tristeza.

—¿Y tú qué quieres, papá?

Él se hizo el loco, pero le pedí que se lo pensara bien.

—Yo no creo que Angie estuviera aquí sólo por mí, papá.

Él parecía muy incómodo y me dijo que era muy joven para hablar de aquellas cosas conmigo.

—Soy joven, pero ya sé que el miedo no lleva a ningún sitio —le dije muy seria.

—¿Crees que tengo miedo?

En ese momento pensé en decirle que sí, que creía que el dolor le había dejado demasiados miedos, y que el hecho de que nos hubiese pasado algo malo, como perder a mamá, no quería decir que siempre nos fueran a pasar cosas malas. Sí, pensaba que papá era un miedoso a la hora de "sentir". Se hizo el silencio. Él esperaba mi respuesta. Le sonreí.

—Te quiero, papá —dije sin más.

Le di un beso y me fui a mi cuarto. Él tampoco añadió nada.

Francesca vino a merendar a casa. No paraba de hablar de Marco. Estaba muy confundida porque Marco le había pedido que fueran novios y ella le había dicho que no. Yo no podía ayudarla mucho porque estaba pendiente de mi móvil, esperando noticias de León. De repente comenzó a sonar y miré la pantalla.

—¿Es León? —me preguntó Fran, bastante ansiosa.

—¡Diego! —le respondí. Harta, contesté la llamada con mi peor tono—: ¿Qué quieres?

—Bueno, al menos has contestado.

—Sí y es la última vez, ¡y lo digo en serio! Lo que ha pasado hoy... —No me dejó terminar la frase.

—Por eso te llamo, para disculparme. Te he seguido, pero no sabía que León estaría ahí, no quería causarte otro problema.

—Pero ¡no paras de hacerlo! Con León,

con mi padre... ¡No quiero nada contigo! ¡Entiéndelo!

—Es una lástima, porque yo quiero todo lo contrario. ¿Tan fuerte es lo que sientes por mí que quieres alejarme?

Eso terminó de enfurecerme.

—Si de verdad no quieres causarme más problemas, desaparece de mi vida. ¡No quiero volver a verte, ni que me llames, ni tener nada que ver contigo!

Colgué y Francesca me miró boquiabierta. Un instante después llegó Camila. Fran y Cami estaban peleadas por otro malentendido. Camila le había pedido ayuda a Fran para arreglar las cosas con Broduey, y después se enojó con ella porque se sintió juzgada. Estaban las dos indignadas y no había forma de que me escucharan. Traté de hacerlas recapacitar, les dije que eran amigas, que no

podían estar distanciadas, pero no hubo manera. Se fueron las dos más enfadadas que antes. ¡Era terrible verlas así!

Finalmente, logré hablar con León. Me contó que no tenía nada grave, sólo se había torcido el tobillo.

—Me alegro —le dije, y tuve la necesidad de aclararle lo sucedido—. León, yo no sabía que Diego iba a estar allí. Ha salido de la nada y...

—No me importa Diego —me cortó él—. Lo que quiero saber es qué hacías tú en la pista.

—He ido para decirte que he pensado mucho en lo que pasó y que creo que nosotros...

Estaba a punto de decirle que lo echaba muchísimo de menos y que quería volver a intentarlo, pero él volvió a cortarme.

—Yo también estuve pensando, y creo

que lo mejor para los dos es que, por un tiempo, seamos sólo amigos —dijo, y yo me quedé helada—. No quiero volver a pasar por lo del año pasado. Volvamos a ser sólo amigos, como antes. Quizá sirva para no sufrir tanto.

Sonaba tan sincero que no pude contradecirlo.

Al día siguiente volvimos a vernos en el Studio. Yo lo abracé, feliz de verlo en pie después del accidente. Él me saludó, distante, y se fue cojeando a su clase.

En el Studio también me encontré con Angie. Teníamos una charla pendiente: ella quería saber si yo me había enfadado por su decisión, pero yo no estaba enfadada, sino triste.

—Vilu, cuando llegué a esa casa vivías encerrada en tu castillo. No tenías amigos, te

perdías en la calle, ¡no podías ni hablar con tu padre! No sabías quién eras, ni de dónde venías. Ahora todo eso ha cambiado —me dijo, tan dulce como siempre.

—Gracias a ti.

—No, no fui yo. Tú tuviste el valor de cambiar. Tenías miedos y te enfrentaste a ellos. Tú los venciste a todos, tú sola, y ahora estás... más mayor —me dijo, conteniendo el llanto.

—¿Cuál es tu idea? ¿Hacerme llorar para alegrarme?

—Las dos necesitamos un poco de espacio, Vilu. Tú para crecer, y yo para...

Se le cortó la voz. Yo sabía que era por papá, pero ella no quiso tocar ese tema y se fue corriendo.

Me quedé sola en la sala de música, tan vacía... Una vez más intenté avanzar con mi canción pero nuevamente me interrumpieron.

Diego se me acercó, me miró sin decir una palabra, dejó una carta sobre el piano y se fue.

Me dio tanta rabia que cogí la carta, la arrugué y la lancé a la papelera. Pero dos segundos después me arrepentí y la leí:

"Si no volvemos a hablarnos nunca más, necesito decirte que valió la pena todo hasta aquí... porque al menos te conocí".

Me gustó lo que decía. La leí una vez... y otra. Y de pronto me inspiró para añadir aquellas palabras a la melodía que estaba componiendo, y aquello me inspiró para continuar trabajando.

Por la noche seguí practicando y componiendo. Dejé las partituras sólo un segundo sobre el piano del salón de casa y, cuando volví, me llevé una sorpresa: una nueva amiga de mi padre había visto las partituras y había comenzado a cantar.

—¡Cantas muy bien! —le dije, sorprendida.

—¡Ay, perdón! ¿Lo has escrito tú?

—Sí. Es para el Studio —respondí con timidez.

Y parece que le gustó tanto que siguió cantando. Yo me sumé y cantamos juntas una estrofa. En ese momento apareció mi padre, que estaba en la cocina. Se quedó escuchándonos, fascinado, y cuando terminamos nos presentó. Su nueva amiga se llamaba Esmeralda y mi padre la había invitado a cenar con nosotros. Pasamos una noche muy agradable, y lo mejor de todo fue que papá se animó a tocar el piano por primera vez después de muchísimo tiempo. Me gustó mucho ver ese brillito en sus ojos.

Me fui a dormir y, como todas las noches, escribí en mi diario. No sé por qué tuve la necesidad de leer el de mamá antes de acostarme. Lo busqué en el cajón de siempre...

pero ¡no estaba! Puse todo mi dormitorio patas arriba buscándolo. Estaba desesperada y acabé llorando de impotencia. En medio de mi ataque llegó papá hecho una furia.

—¿Le has mandado un mensaje a Angie para que viniera?

Yo me quedé helada, no sabía de qué estaba hablando y, en aquel momento, lo único que me importaba era el diario de mi madre, pero papá insistió. Estaba furioso porque Angie se había presentado en casa y lo había visto con Esmeralda.

—No quieres que me meta en tu vida, pero ¡tú te metes en la mía! Montándote fantasías absurdas de que entre Angie y yo...

—Perdona, papá, pero ahora no puedo... —lo corté, desesperada—. ¡No encuentro el diario de mamá! ¡Ha desaparecido!

Mi padre me contempló, muy serio, y se

quedó pensativo. Yo estaba desconsolada y él me miró con cierta culpabilidad. Y yo, para que me creyera, le mostré mi diario. Le pedí que leyera lo que acababa de escribir para que se diera cuenta de que yo no le había mandado ningún SMS a Angie. En mi diario había escrito que Esmeralda me había caído bien, que parecía buena persona y que pensaba que a mamá le habría gustado.

Mi padre me pidió disculpas y se ofreció a ayudarme a buscar el diario de mamá, pero le pedí que me dejara sola, que necesitaba espacio, y él me respetó.

Parecía que, hiciera lo que yo hiciese, todo se estaba complicando. Y mucho.

Capítulo 5

El diario no apareció. Angie vio mis llamadas de la noche anterior y vino a casa lo más rápido que pudo. Entró en mi habitación y me encontró en la cama, en medio del desorden que había organizado buscando el diario de mi madre. Sin decir nada, me abrazó muy fuerte. Pensé que así abrazarían las madres, sin duda. Me sentí aliviada: ya no estaba sola.

—¡Nadie entiende lo que significa ese diario para mí, Angie! Es como tener a mamá conmigo. Sólo ahí dice qué le hacía reír o llorar, qué pensaba de la vida, de las personas, qué le gustaba comer y cuál era su fruta preferida... Sólo ahí habla de la felicidad, de la poca felicidad que pude darle, y todo eso me lo dice a mí, a nadie más que a mí. ¿Entiendes? Ese diario son las únicas palabras que tengo de ella...

Angie me miró con los ojos llenos de lágrimas. Sonrió.

—Lo buscaremos juntas y ya verás como aparece.

Angie empezó a ordenar mi habitación, convencida de que el diario acabaría apareciendo, y me pidió que me cambiara para ir al Studio. Yo me quedé mirándola, atontada, porque ir a clase me parecía lo de menos,

pero ella me dijo que el diario tenía que estar en algún lugar de la casa y que yo no podía faltar al colegio.

—Piensa en ella. Tu madre nunca faltó a un ensayo. Cansada, bien, mal, con o sin problemas. ¡Siempre fue y lo dio todo! —dijo Angie, convencida—. En la vida hay que seguir adelante.

Angie tenía razón. "Cantar es lo que soy", había escrito mi madre una vez.

Cuando llegué al Studio me enteré de que Francesca había decidido aceptar la propuesta de Marco. ¡Estaban saliendo!

Fui a la sala de música y León vino directo a preguntarme cómo estaba. Ya se había enterado de lo del diario de mi madre. Lo miré con tristeza.

—¿Sabes? Necesitaría uno de tus abrazos... —murmuré con sinceridad.

Pero él no reaccionó, bajó la vista y entonces lo comprendí.

—Perdóname. Es verdad, ahora no somos más que amigos.

Ni me contestó, incluso esquivó mi mirada, y yo me sentí bastante mal. Después, intentando cambiar de tema, tomó las hojas que yo había dejado sobre el piano. Ahí estaba mi canción. La leyó y me miró.

—¿Es nueva? —Y leyó en voz alta—: "Valió la pena todo hasta aquí... porque al menos te conocí".

Me quedé helada, era justo la parte que había sacado de la carta de Diego.

—León... Esa parte... —No me dejó terminar, sonrió y se fue a su clase.

Yo seguía triste por lo del diario de mi

madre. Camila trató de consolarme y me di cuenta de lo mucho que echaba de menos estar con mis dos amigas juntas: Camila y Francesca. Pero Cami seguía enfadada con Fran.

—¡Tenéis que encontrar la manera de reconciliaros! —Estábamos las tres sufriendo por diferentes motivos—. ¡Las tres nos necesitamos! —añadí.

Cami asintió, pero cambió de tema. Me preguntó por mi canción. Leyó la letra y se detuvo en la misma frase que León:

—Es de Diego —le dije.

—¡No me digas que estás pensando en él! —exclamó ella sin entender nada.

—¡No! Me gustó la frase y la usé. Punto —repliqué—. León la vio y le encantó.

—¿Y eso qué tiene que ver? —preguntó Cami, entendiendo cada vez menos.

—Que no le dije que era de Diego. No quiero empezar otra vez con las mentiras, pero si le digo la verdad...

—No tiene nada de malo, pero tienes que decírselo.

Después salió y yo, un poco preocupada, me senté al piano. Comencé a cantar y, en plena canción, apareció Diego. ¡¿De dónde había salido?! De repente estaba ahí, cantando a dúo conmigo. Por un minuto dejó de ser la persona horrible que era y el tema nos quedó precioso. Cuando terminamos lo miré y quise explicarle por qué había usado parte de su carta en mi letra, pero él no me dejó.

—No arruinemos esto con simples palabras —dijo. Me sonrió y se fue sin decir más.

Le conté a Camila la aparición de Diego y todo lo que había pasado. Cami empezó a presionarme, pensando que yo sentía algo por él.

—¡No quiero tener nada que ver con Diego! —exclamé por fin.

—Y entonces ¿por qué le has mentido a León?

No supe qué decir. ¡Cami tenía razón! Justo en ese momento León pasó por delante de nosotras, Camila me empujó para que hablara con él y se fue.

León se detuvo y esperó a que yo hablara. Intenté decirle la verdad, pero... ¡no me salió!

—¿Quieres ir al cine? Como amigos, después de clase —le propuse, medio tartamudeando.

León aceptó y quedamos en que me pasaría a buscar. ¡Íbamos a ir a ver una comedia romántica! Las cosas no habían salido tan mal después de todo. O por lo menos, eso creí yo...

Volví a casa muy contenta. Me arreglé para salir, pero algo inesperado ocurrió. A León se

le hizo tarde, llamó para avisarme de que nos encontraríamos directamente en el cine, pero mi padre respondió a la llamada y nunca me dio el mensaje. ¡Me puse tan furiosa...! Papá dijo que se le había olvidado, pero fui incapaz de creerle. Pensé que había sido un plan suyo para que León y yo no nos encontráramos.

—¡Lo has hecho a propósito! Ahora ya es tarde. ¿Por qué no me has prohibido ir directamente y así no me habría ilusionado? Eres..., eres... ¡malo! —solté, y me fui a mi habitación.

Llamé a León y le expliqué lo que había pasado. Yo seguía triste por la desaparición del diario de mi madre y no quise hablar con nadie más.

Al día siguiente fui al Studio dispuesta a terminar mi canción. Dudaba sobre qué hacer

con la letra. Pensé en quitar la frase de Diego, pero era buena y quedaba muy bien. Pero ¿y si León se enteraba? ¡No tenía por qué saberlo! En definitiva, era mi canción. ¿Qué tenía de malo dejarla? ¡Eran sólo palabras! Diego no significaba nada para mí. Pero entonces, ¿por qué no podía decirle la verdad a León?

Al llegar fui directa a la sala de música, pero me detuve en seco al ver de nuevo a Diego en el pasillo. Sacó un papel doblado de un bolsillo y me lo dio.

—¿Otra de tus cartitas? —pregunté, distante.

—No. Me he tomado la libertad de completar la letra del tema que estás componiendo. Espero que te guste —me dijo, orgulloso de su composición.

Quise leerla allí mismo, delante de él, pero en ese momento apareció León.

—¡Otra vez los tres juntos! ¡Se está convirtiendo en una costumbre! —dijo mientras miraba a Diego con el ceño fruncido—. ¿Qué haces aquí? ¿Has salido a pasear y te has perdido?

Diego explicó a toda prisa que había ido a ver a Marco y que se había detenido a saludarme. Yo apreté la letra de la canción hecha una bola en mi puño. Diego se despidió y se fue y León me preguntó si Diego me estaba molestando. Le dije que no, e iba a contarle lo de la letra cuando él habló primero. Me dijo que le había gustado que le hubiese invitado al cine, cosa que me alegró. No quise arruinar el momento y, claro... Preferí no decirle nada.

Al volver, fui a la plaza a tratar de concentrarme en mi canción. Canté la letra que había escrito Diego, y la verdad es que me encantó. ¡Y de pronto, Diego apareció así, de golpe! Aquello ya empezaba a ser molesto. ¿Me estaba siguiendo? Me enfadé con él.

—Es el destino que nos une. Tú y yo debemos estar juntos. ¡Es inútil que te resistas! —me dijo despreocupándose, haciéndose el galán.

Y ahí no sé qué pasó pero no pude evitar estallar en una carcajada.

—Te hago reír —notó él, satisfecho.

—¡Me río porque no puedo creer que sigas con todo esto! ¡Eres muy pesado!

Diego me miró con seriedad, dio un paso hacia mí y susurró:

—Me gustas. Eso no me pasa muy a menudo. No te dejaré escapar tan fácilmente.

No quise hablar del tema y le devolví su letra hecha una bola.

—¿Tienes miedo de que León se enfade si la usas? —adivinó.

No le respondí. Le agradecí que no le hubiese contado nada a León y él me pidió que no desechase la canción, que era mía, que me la regalaba. Y se fue dejándome pensativa.

Consulté el tema con Cami. Para ella no había nada de malo en que usara la letra de Diego, pero, desde su experiencia en provocar desastres, me aconsejó que se lo contase todo a León. Yo me resistí: no podía hacerlo.

Al día siguiente ensayé el tema con Angie. Hicimos algunos ajustes y le encantó. Cuando terminamos apareció León en la sala de música. Quería hablar conmigo. Estaba más serio que nunca y me preguntó que por qué le había ocultado que la letra era de Diego.

Alguien se lo había contado. Me quedé muda. Intenté quitarle importancia y me deshice en explicaciones.

—Cada vez que la cantes, él estará allí

—dijo León—. Así que no me digas que una canción no significa nada.

Nos miramos un segundo y se fue. Ahora sí que todo estaba perdido. Un momento después apareció Ludmila para explicarme que había sido Camila la que le había dicho a León que Diego había escrito mi letra. Fui corriendo a buscarla. ¡No podía ser cierto!

Nos reunimos en clase y el clima estaba más tenso que nunca. No sé qué había pasado, pero de repente todos estábamos enfadados con todos.

—¿Cómo se te ocurre contarle a León que la letra era de Diego? ¡¿Qué clase de amiga eres?! —le grité.

—¿Y tú hablas de ser buena amiga? ¡Tú no me ayudaste cuando más te necesité! —intervino Francesca.

Y tenía un poco de razón, entre la pérdida

del diario de mi madre, León, Diego y la canción...

Ahí se arrancó también Camila y las tres empezamos a discutir. En otro rincón, Maxi discutía con Broduey y Naty con Maxi. En medio de los gritos apareció don Antonio con el señor intendente, con el que había estado recorriendo las instalaciones, orgulloso de nosotros. Don Antonio nos pidió que montáramos un número para mostrarle al intendente lo unidos que estábamos, y nos dejaron solos para que empezáramos a trabajar. Todos estábamos muy nerviosos y enfadados y discutíamos sin escucharnos. Era horrible vernos así. Cansada, subí al escenario y cogí el micrófono.

—¿Por qué nos hacemos esto? —les pregunté, dolida—. En vez de unirnos y dar lo mejor de nosotros, ¿nos peleamos?

Todos reflexionamos, nos calmamos y

decidimos preparar *Juntos somos más*. Con él nos presentamos ante el intendente y su comitiva y el tema quedó mejor que nunca. Disfrutamos de estar juntos sobre un escenario. Don Antonio se sintió orgulloso de nosotros. Una vez más, la música nos había rescatado. Pero León seguía enfadado conmigo y eso me entristecía.

Angie me preguntó si había aparecido el diario, y le conté que no lo encontraba por ningún lado. Ella no hacía más que decir que en cualquier momento aparecería, que no me preocupara, pero yo ya no sabía qué pensar.

Aquella noche vino a visitarnos Esmeralda, la nueva amiga de papá, que me trajo unas partituras de regalo. Cuando me las estaba mostrando se le cayeron algunas de la mano,

me agaché a recogerlas y entonces ocurrió algo increíble. ¡Encontré el diario de mi madre! Estaba allí, en el suelo, en un rincón de mi habitación en el que había mirado mil veces.

—¡Lo he encontrado, papá! ¡Lo he encontrado! —exclamé, feliz.

Y los abracé bien fuerte, a papá y a Esmeralda. Me pareció raro, pero no sospeché nada. Me sentía feliz, y pensé que Angie siempre había tenido razón.

Capítulo 6

Vale, Francesca había colaborado para que Diego se metiera en mi vida, pero no tenía la culpa de que el chico fuese tan pesado, así que por fin hablamos y nos hicimos una promesa.

—Nunca más pensaremos mal ni desconfiaremos la una de la otra, pase lo que pase. ¡Amigas para siempre!

Nos abrazamos y a continuación cantamos juntas.

Mi tema estaba listo, así que se lo mostré a Beto y le gustó. Me pidió algunos ajustes sobre el final y me puse a trabajar intensamente para terminarla. Estaba tocando el piano muy concentrada hasta que alguien me sorprendió: ¡Diego había vuelto a aparecer a mi lado! ¡Ya parecía una broma!

—¿Hasta cuándo vas a seguir apareciendo así? —le pregunté.

—¿Hasta cuándo te resistirás a la verdad? —respondió.

Diego insistió en que éramos el uno para el otro, y como yo ya estaba cansada de intentar apartarlo a patadas, decidí tomármelo con más humor. El chico era un pesado, pero yo no quería vivir enfadada.

—A veces me paso un poco de la raya,

¿no? —preguntó con una sonrisa entre pícara y tímida.

—¡Siempre!

—Pero te divierte —dijo, muy seguro de sí mismo.

—A veces —respondí con una sonrisa.

Le pedí que se fuera y me puso una carita triste con la que suplicaba quedarse. Al final le confesé que a veces me divertía, pero que muchas otras, la mayoría, quería matarlo. Le dije que no quería verlo más, pero él se hizo el loco y prometió seguir insistiendo. Después me deseó suerte para la presentación de mi tema, y se fue.

Ahora sólo faltaba Camila. Con ella también teníamos que aclarar las cosas. Las dos sabíamos que era absurdo seguir enfadadas, así que no fue difícil reconciliarnos. Acabamos riéndonos de nosotras mismas un buen rato. Aquella noche tocaba celebrarlo: ¡fiesta de pijamas en casa!

Llegó el momento de la clase de Pablo, donde debía presentar mi tema. Antes de empezar a cantar vi a León, que escuchaba desde el pasillo. Me hizo mucha ilusión verlo allí y comencé a cantar, emocionada.

A medio tema, Diego apareció justo detrás de León. Me puse muy nerviosa, pero no podía hacer nada. Cuando terminé, todos me aplaudieron, pero yo no podía apartar la vista de León y de Diego, quería saber qué estaba pasando entre ellos porque se notaba que estaban discutiendo. Salí lo más rápido que pude y fui directa hacia ellos.

—¿Qué haces aquí? —le dije a Diego—. ¡Te pedí que no volvieras más al Studio!

León, harto ya de él, comenzó a gritarle. La verdad es que Diego lo provocaba y él le seguía el juego. Aquello iba a terminar muy mal, así que intenté calmar a León.

—¡Diego no me interesa! —le aseguré a León mientras él me miraba con el ceño fruncido—. ¡No sé por qué sigues viéndolo como una amenaza! ¡Si no me crees, esto nos acabará separando!

—Quizá ya lo haya hecho.

Sus palabras me dolieron mucho. Pablo había salido al pasillo al oír los gritos y le pidió a Diego que se fuese y que no volviera. Le explicó que nadie podía estar allí si no pertenecía al Studio. Diego se fue y Pablo entonces le echó la bronca a León. Él intentó justificarse, pero Pablo no lo dejó hablar, diciéndole que tenía que irse a su casa y reflexionar sobre su comportamiento. León se fue sin dedicarme

ni una sola mirada y yo me sentí culpable por todo.

Camila y Francesca vinieron aquella tarde a casa. Estábamos muy contentas por estar nuevamente unidas y queríamos celebrarlo. Mi padre iba a salir por la noche, así que nos quedaríamos solas, y se me ocurrió invitar también a Ludmila. La rubia se había enterado de la reunión y no quise que se sintiera mal por dejarla fuera. A las chicas no les hizo mucha gracia al principio, pero luego acordamos que Ludmila había cambiado mucho y decidimos darle una oportunidad.

Estábamos pasándolo muy bien cuando mi móvil comenzó a sonar. Primero llamó Diego, luego León, luego Diego otra vez... Al final preferí no contestar a ninguno. ¡Era noche de chicas!

A Ludmila le costó bastante adaptarse. Estaba un poco a la defensiva y no quería hablar de sus cosas. Nosotras hicimos todo lo que pudimos para integrarla, y estábamos en plena charla cuando alguien llamó a la puerta. ¡Era Diego! Casi lo saqué a patadas. Era de noche, ¡no podía aparecer así en mi casa!

—¡Te he estado llamando para avisarte de lo de la fiesta! —dijo muy entusiasmado.

—¡No voy a ir a ningún lado! ¡Las chicas y yo tenemos una fiesta de pijamas!

Mis amigas reaccionaron enseguida para defenderme y estábamos intentando echarlo de mi habitación entre todas cuando Diego exclamó:

—¡Pero es que la fiesta es aquí, en tu casa!

—¡¿Qué?! —grité con la cara desencajada.

Rápidamente nos asomamos a la escalera y descubrimos que el salón de mi casa

se había convertido en una pista de baile: un montón de gente se movía al ritmo de la música que pinchaba un DJ. Yo no me lo podía creer.

—Alguien envió un mail diciendo que había una fiesta en esta dirección —dijo Diego.

Entre la gente apareció Marco. ¡Francesca no se lo podía creer! Y de repente vi también a León, que avanzaba hacia mí, sorprendido.

—Te estaba llamando porque no entendía nada. ¿Tú has organizado esto? —me preguntó.

Pero, antes de que pudiera responder, León vio a Diego y pensó que no le había cogido el teléfono porque estaba con él. Dio media vuelta y se fue, dolido. La situación era cada vez más desesperada: León estaba enfadado, Diego seguía allí, mi casa estaba llena de gente bailando... y ¡nosotras cuatro en pijama!

Angie llegó de pronto y se quedó tan sorprendida como todos nosotros. Mi tía volvía a vivir en casa, supongo que porque había hecho las paces con mi padre, aunque nadie me había explicado por qué y yo no quise preguntar más. Me preguntó por mi padre, y justo en ese momento su voz se oyó por encima de todo el jaleo.

—¡Violetta! —gritó desde la puerta, horrorizado.

Me quedé helada. Mi padre entró, furioso, y los echó a todos. En un segundo se terminó la fiesta y se vació la casa.

—¡¿Qué es esto?! ¡¿Me voy una hora y organizas una fiesta?!

—Yo no he sido, papá... —traté de explicarle.

Pero él no quiso escucharme. Angie intentó convencerlo pero tampoco tuvo éxito. Diego le contó que él había ido para avisarme

de que estaba circulando una invitación con la dirección de mi casa, pero tampoco logró hacerlo entrar en razón.

Un rato más tarde, ya más calmado, mi padre nos pidió explicaciones y logré mostrarle el mail donde venía la invitación a la fiesta a la que todos pensaban asistir aquella noche: alguien había difundido la dirección de nuestra casa. Había sido una broma de pésimo gusto y no teníamos idea de lo que podía haber pasado.

—Está bien. Idos a dormir, que es tarde —dijo mi padre finalmente.

Lo abracé, le pedí disculpas por el malentendido y todas nos fuimos a dormir.

Al día siguiente, en el Studio, quise aclarar las cosas con León. No podía creer que se hubiese marchado de casa pensando que

yo estaba con Diego. De verdad que no tenía idea de quién había enviado aquel mail en mi nombre.

—¿Qué te pasa? —exclamé por fin, herida después de que él se negara a creerme por enésima vez—. Parece como si prefirieras estar a malas conmigo. Yo te he dicho que te quiero, que quiero estar contigo.

—Con lo de anoche, me cuesta creerte —dijo él, muy distante.

—No te entiendo. ¿Es que no me viste en pijama? ¡Soy yo, Violetta! ¡Nunca haría una fiesta a escondidas de mi papá! ¿Acaso no lo sabes?

León me miró en silencio. Don Antonio interrumpió la charla con una noticia increíble. ¡Teníamos fecha para el primer espectáculo! Todos se alegraron, pero León y yo no podíamos disimular nuestra tristeza.

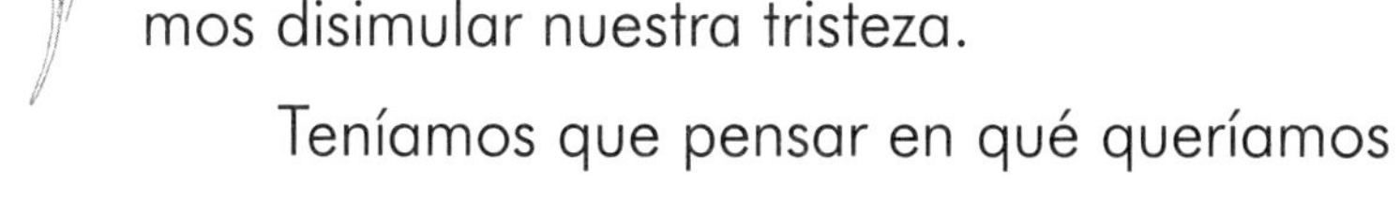

Teníamos que pensar en qué queríamos

preparar para el espectáculo. Pablo me preguntó si me animaba a componer otra canción para cantar a dúo y le dije que sí. La consigna era elegir una emoción a partir de la que trabajar la canción.

—¿La emoción que provoca el primer beso? ¿Puede ser ésa? —sugerí.

—Me encanta la idea. Vamos con el primer beso, entonces —aceptó Pablo

León me miró, enternecido. Las chicas comprendieron que había escogido el tema por todo lo que me estaba pasando con León. Pero la verdad es que, hablando de emociones, lo único que yo sentía era que en aquel momento un beso de León parecía un imposible.

Capítulo 7

Diego me llamó por teléfono. Nunca había visto nada igual, pero para mi sorpresa se disculpó por haberme metido en problemas con León. Por un momento me ilusioné pensando que iba a darse por vencido. ¡Qué ingenua!

—No pienso rendirme —me dijo—. Yo sé que a veces parezco un engreído al que no

le importa nada, pero no soy así. Es sólo una fachada. Simplemente me gustas, puede haber algo bueno entre nosotros y no me detendré hasta que me des una oportunidad. Sólo una.

No sabía qué hacer con él. Una sola oportunidad... Parecía sincero, así que accedí e hicimos un trato: saldría una sola vez con él y, a cambio, él me dejaría en paz.

Mi padre me dio permiso. No es que le entusiasmara darme libertad, pero ¡se estaba esforzando tanto...! Aunque, cómo no, le pidió a Ramallo que me llevara. Nunca he podido estar mucho tiempo enfadada con mi padre, le quiero demasiado.

Cuando llegué a la cita, Diego no se lo podía creer, pensaba que lo iba a dejar plantado.

—He venido porque creo que es importante que entiendas algunas cosas —le expliqué.

Intenté dejarle claro que no estaba interesada en él, y que haber usado parte de su carta en mi canción no significaba nada.

—Digas lo que digas, los dos sabemos que eso quiere decir algo, aunque tú lo niegues —replicó él, arrogante como siempre.

Diego insistía, pero me esforcé en explicarle cuánto quería a León. ¡Y que él me estaba trayendo demasiados problemas! Le pedí que, si de verdad me apreciaba, se alejara de mí. Él dijo que no lo creía posible, que siempre todo le había costado mucho en la vida, que estaba acostumbrado a luchar. Entendí que era inútil seguir hablando y me despedí de él sin darle falsas ilusiones.

Cuando llegué a casa, me esperaba una sorpresa tremenda: ¡Mi padre estaba esposado junto a un policía a punto de llevárselo detenido!

—¿Qué es esto, papá? ¿Qué está pasando? —pregunté asombrada.

—Es sólo un malentendido, hija, tranquila, no te preocupes —me aseguró mi padre, bastante calmado a pesar de las circunstancias.

Angie también estaba allí, más nerviosa que nadie, y eso me asustó.

—No se lo pueden llevar, tiene que llamar a un abogado. ¡Tiene derecho! ¡Están cometiendo un error! —no hacía más que gritar mi tía.

Pero no hubo manera de convencer al policía. Mi padre insistió en que pronto se aclararía la confusión, me prometió que todo saldría bien y dejó que el policía se lo llevara.

Estaba segura de que mi padre no había hecho nada malo, pero me quedé triste

e intranquila. Angie lo notó y salió decidida a traer a papá de vuelta a casa.

Yo estaba desesperada viendo cómo pasaban las horas más lentas de mi vida. Cuando el timbre de casa sonó fui corriendo a responder, esperando que fuera papá..., pero ¡era León! Se había enterado de lo de mi padre y venía a hacerme compañía. Nos abrazamos muy estrechamente, ¡y cómo necesitaba yo ese abrazo! Después me miró a los ojos y me dijo no sé qué para calmarme, pero yo ya no escuchaba nada. El amor ocupaba todo mi corazón y todo mi cerebro. Parecía que mi sueño iba a cumplirse y que estábamos a punto de besarnos... cuando segundos después llegó Esmeralda. Después vinieron Camila, Francesca, ¡y hasta Ludmila! Por suerte me sentí muy acompañada. Más tarde se apuntaron también Maxi, Naty y Andrés. A Ludmila se le ocurrió que podíamos cantar para animarme, cosa que me sentó muy bien. Nos unimos todos en una canción y la música me cambió el ánimo, y para cuando acabamos el tema ocurrió un milagro: ¡mi padre llegó a casa con Ramallo! Habían podido resolver las cuestiones legales y por suerte no habían mantenido a papá bajo arresto.

Aquella noche mi padre vino a hablar conmigo a mi habitación. Los dos estábamos ya más tranquilos y aliviados, pero había sido un día durísimo.

—Vilu, pequeña... —murmuró mi padre con tristeza—. Hay momentos en los que la vida se pone difícil, y éste es uno de ellos.

Le confesé que había tenido mucho miedo de perderlo y papá sonrió. Me prometió que

eso jamás pasaría, pero yo sabía que aquél era el tipo de promesa que no siempre puede cumplirse. También me dijo que yo le daba fuerza, que pensar en mí le había ayudado.

—Te quiero mucho, papá —dije casi llorando.

Mi padre me arropó bajo las mantas, me dio un beso en la frente, como cada noche, y salió de mi cuarto apagando la luz tras de sí.

Ahí estaba yo, con los ojos abiertos en la oscuridad y sin poder dormir, pensando en lo largo que había sido aquel día y en todo lo que había pasado. Al final acabé apartando las mantas y bajando a la cocina, donde me encontré con Angie. Mi tía se sentía culpable por haberme dejado sola por la tarde, pero le aseguré que no pasaba nada, que entendía que hubiera corrido a ayudar a papá, y acabamos abrazándonos. Una y otra vez le

agradecí lo mucho que cuidaba de mí hasta que conseguí calmarla.

Un poco más tarde me llegó un mail de Diego, y cuando lo abrí en el móvil vi que era un vídeo de él mismo hablándome. Había querido venir a verme, pero no se había atrevido y me había enviado aquel mensaje a cambio:

"Cierro los ojos y pienso en ti y en esta situación que estás viviendo. Te veo y te imagino subiendo y bajando de tu habitación a la cocina, tratando de calmarte, pensando que no está bien que pasen cosas raras en la vida de forma tan inesperada".

Me quedé bastante descolocada al escucharle, era como si pudiera leer mi corazón. Quería apagar el móvil y no pensar en lo mucho que sus palabras me afectaban, pero no pude.

"Así que he encontrado una manera de cantarte una canción que te ayude a dormir. Imagino que hoy no te será fácil conciliar el sueño. Quiero cantarte algo que espero te ayude, y después quiero que apagues la luz y respires hondo pensando en tu familia. En los que están y te cuidan. Y si quieres, te dejo que vuelvas a poner este vídeo y te duermas escuchando mi dulce voz."

Creo que por primera vez no me molestó un mensaje de Diego, hasta me pareció tierno. Me fui a la cama y dejé que su voz me relajara, aunque no escuché la canción hasta el final. Cerré el mail y por fin logré dormir.

Al día siguiente llegué al Studio y encontré a León componiendo, y su trabajo era tan bueno que me hizo sonreír. León se detuvo para decirme que le encantaría verme sonreír más a menudo, que desearía ver mi sonrisa todo el tiempo.

—Entonces volvamos a salir, León —le pedí, directa y sin dudar—. Quiero estar contigo. No sé qué nos pasa, esta distancia no tiene nada que ver con lo que sentimos, pero si nos separa, tiene que estar mal...

León me miró, sorprendidísimo, y pareció quedarse sin palabras. Me di cuenta de que lo había puesto en un aprieto y, bajando la mirada, di media vuelta para irme. Pero de pronto, su voz me detuvo.

—¡Sí, quiero! —me oí decir.

Me volví casi sin poder creerlo, y durante unos segundos nos quedamos mirándonos fijamente.

—¡Te he echado tanto de menos! —exploté por fin.

—Yo también... Demasiado.

Por fin corrimos el uno hacia el otro y nos abrazamos.

—No dejemos que nada ni nadie nos separe esta vez, ¿vale? —murmuré.

Él asintió, y no hizo falta decir nada más. Salimos de la sala de música cogidos de la mano, y yo me sentía flotar en el aire. ¡Hacía tanto tiempo que no me sentía así! Pero como siempre, algo tenía que arruinar el momento. ¡Diego en el Studio otra vez!

—Me he inscrito al examen de ingreso del Studio —anunció, provocando a León.

—¿Es una broma? —exclamé, asombrada—. ¿Cómo que te has inscrito para ingresar?

Por un instante pensé que León le saltaría al cuello o algo, pero no. Para mi sorpresa, en vez de golpearlo... ¡lo felicitó! Le estrechó la

mano y hasta le deseó suerte en los exámenes. Diego siguió su camino y yo miré a León sin entender nada. Él fue muy claro:

—¿Estás conmigo, aquí junto a mí, dispuesta a llevar esta relación al siguiente nivel?

—¡Claro que sí, León! ¡Te quiero!

—Entonces no perdamos más tiempo hablando de ese chico, ni de cualquiera que quiera interponerse entre nosotros. ¿Vale?

Y lo abracé tan y tan fuerte que León se echó a reír.

Aquel mismo día comenzaron las pruebas de ingreso. Cuando le tocó a Diego cantar ante el tribunal, las chicas insistieron para que fuéramos a escucharlo. Ellas aseguraban que Diego estaba haciendo todo aquello por mí, aunque yo prefería no pensar en ello.

—¡A las chicas como nosotras siempre nos pasa lo mismo! —exclamó Ludmila—. ¡Los chicos hacen todo tipo de locuras por conquistarnos!

Al final Diego cantó un tema propio y la verdad es que no pude resistirme a escucharlo. Cantó muy bien y me cautivó con su canción. Cuando terminó la prueba quise irme lo más rápido posible, pero no lo logré. ¡Apareció León y Diego aprovechó el momento para provocarlo!

A Diego no se le ocurrió nada mejor que preguntarme qué me había parecido su tema. Noté que León me miraba, atento a mi respuesta. No quise mentir, pero tampoco decir algo que molestase a León.

—Estás al nivel de cualquiera del Studio —respondí, cortés.

—A mí me parece que un poco superior —agregó el rey de los creídos.

Estaba claro que era imposible hablar en serio con aquel chico, así que me fui con León y lo dejamos solo, disfrutando de su vanidad.

Por la noche, cuando estaba a punto de dormir, algo me despertó. ¡Era Diego sentado en el borde de mi cama!

—¡Diego! ¿Qué haces aquí? —pregunté sobresaltada.

No me respondió pero comenzó a cantar. Yo no me lo podía creer y acabé enfadándome. ¿Cómo se había colado en mi casa? Lo único que quería era que se callase y que se fuera en silencio antes de que alguien pudiera verlo u oírlo.

—¡Deja de cantar! —chillé por lo bajo—. ¡Cállate, que mi padre te va a oír! ¡Vete!

Comencé a empujarlo, pero él seguía

cantando como si nada. Logré llevarlo hacia la puerta pero, cuando la abrí, me encontré con otra aparición inesperada: ¡León!

—¡León! ¿Qué pasa? Pero ¿cómo habéis entrado? ¡Mi padre os va a ver!

León tampoco me respondió y comenzó a cantar. No entendía nada. Los dos cantándome ahí, en mi habitación, a aquellas horas... Intenté hacerlos callar. Les supliqué que se fueran, y cuando ya estaba al borde de un ataque de nervios... desperté.

¡Había sido un sueño! Un horrible y desesperante sueño que definitivamente auguraba problemas.

Capítulo 8

Pasaron los días y Pablo nos anunció que nuestro próximo show iba a llamarse "One Beat en Vivo". Nos encantó el nombre. El espectáculo se montaría allí mismo, en el Studio, pero sería transmitido en vivo a través del portal de You Mix.

Además de las canciones individuales debíamos componer un tema en grupo. Ludmila

propuso trabajar "la euforia" como base del tema, y todos aceptamos.

La verdad es que yo seguía preocupada por mi padre. Su situación legal aún no estaba resuelta, aunque no me querían contar demasiado. Estaba nervioso y preocupado y yo no podía ayudarlo.

Con León todo iba bien, excepto por Diego, que no se cansaba de interferir. Un día me envió un SMS pidiéndome que lo llamase con urgencia. Aquello no era normal, así que lo llamé por si necesitaba algo, pero quien respondió a mi llamada no fue Diego sino... ¡León!

—¿Qué hacés con el teléfono de Diego? —pregunté, confundida.

—Primero quiero saber por qué estás tú llamando a Diego —replicó León, bastante molesto.

Le expliqué que Diego me había mandado un SMS y entonces León me dijo que no hacía falta que dijera nada y me colgó. Las chicas estaban conmigo y ninguna entendió nada.

Por suerte León vino al Studio y pudimos hablarlo en persona. A los dos nos quedó muy claro que Diego había montado todo aquello para enfadar a León, y mi novio acabó confesando que le preocupaba que Diego entrara en el Studio, que no iba a ser fácil compartir ese espacio con él.

Yo no sé por qué, pero sentía que Diego no era mala persona, así que preferí quitarle importancia. Lo veía más como un chico caprichoso que no estaba acostumbrado a que le dijeran que no.

—Si entra en el Studio será un simple compañero más —le aseguré, quitándole hierro al asunto.

León asintió. Nos sentíamos fuertes juntos y decidimos que no permitiríamos que Diego nos separara.

Al llegar la noche vi a mi padre más preocupado que antes. Por suerte Esmeralda estaba allí y decidimos darle una sorpresa para levantarle el ánimo. Cantamos una canción juntas y sé que a mi padre aquello lo animó mucho. En cambio, a la que no le sentó nada bien fue a Angie, que ni siquiera se quedó a escucharnos.

Angie vino a mi cuarto antes de que me fuera a dormir. Yo le expliqué que Esmeralda me caía bien, pero que notaba que a ella le molestaba. Mi tía me prometió que, pasara lo que pasase, nunca dejaríamos de ser amigas.

Cuando creía que por fin podría dormirme en paz, Diego me llamó al móvil. Después

del típico tira y afloja con él, acabé pidiéndole que intentara no causarme problemas en el Studio. Él me aseguró que siempre le había gustado cantar y bailar, y que gracias a mí había llegado a un lugar como el Studio. Le supliqué que fuera respetuoso para que al menos pudiéramos ser buenos compañeros. Él no respondió. ¡No fue capaz de prometerme que me dejaría en paz!

Al día siguiente, en el Studio, no pude avanzar ni un renglón en mi composición. Entre la situación de mi padre y la presencia de Diego no podía concentrarme.

Francesca vino a casa y me contó que había escuchado a Diego hablando de mí. Yo no quería saber nada pero no hubo manera de detener a Francesca, que me acabó contando:

—Dice que está desesperado de amor, Violetta, pero que sabe que lo está haciendo todo mal, porque cuanto más intenta estar contigo, más te alejas. Dice que nunca se había enamorado así y que nunca pensó que...

No pudo terminar la frase porque alguien llamó a la puerta de mi habitación. ¡Era León! Francesca no se fue..., ¡huyó! León quería saber cómo estaba. Le expliqué los problemas que estaba teniendo con la composición y él me escuchó y me consoló... hasta que mi padre apareció hecho una furia.

—¡¿Qué haces encerrada en tu cuarto con un chico?! —gritó.

Debo decir que no estábamos encerrados pero, aunque León intentó disculparse, mi padre estaba ofuscadísimo, así que lo echó de casa sin tan siquiera escucharnos.

Me enfadé tanto que empezamos a dis-

cutir hasta que entró Angie para saber qué pasaba.

—¡Pues que he encontrado a Violetta besándose con León, eso pasa! —exclamó él, exagerando.

—¡No es cierto! No nos hemos besado... ¡Porque has entrado como un loco! —repliqué, furiosa.

Angie intentó defenderme, pero fue peor y papá la echó de la habitación. Fue la discusión más fuerte que habíamos tenido jamás. Papá me prohibió que dejara entrar a León en casa y me dijo que no podía salir más, que a partir de ese momento sólo podría ir al Studio. Me sentí traicionada. Yo me consideraba una buena hija y sentía que papá era demasiado injusto conmigo.

De vuelta en el Studio tuve que explicárselo todo a León. Para empeorar aún más la situación, acababan de colgar los resultados de los exámenes y a Diego le faltó tiempo para restregarnos su ingreso por la cara.

—No te preocupes —me tranquilizó León—. Dijimos que si conseguía entrar no nos afectaría en nada

Por la noche encontré a mi padre más tranquilo y por fin pudimos hablar. Reconoció que había exagerado un poquito al verme con León y me pidió perdón por su reacción. Comprendí que él estaba bastante alterado por lo que le estaba pasando y traté de ser más comprensiva con sus sentimientos. Él me prometió que pronto pasaría todo e hicimos las paces con un abrazo.

Antes de irme a dormir, y como solía ser ya costumbre, Diego volvió a llamarme para decirme que me había estado buscando en el Studio pero que yo me había ido pronto. Insistió en que yo debía reconocer lo que sentía por él. ¡Ya no sabía qué hacer para que dejara de molestarme!

—¿Qué vas a hacer? ¿Vas a seguir persiguiéndome hasta que acepte salir contigo? ¿Te das cuenta de lo infantil que es eso?

—Sí, me doy cuenta, y por eso te estoy llamando. Tú me importas, me gustas, y también me importa el Studio. No sabía cuánto hasta el momento en que logré entrar. Y no quiero que lo pasemos mal...

Diego me propuso una tregua y yo acepté, aunque no le creí demasiado.

Al día siguiente, en el Studio, Pablo vino a preguntarme por mi canción y le conté lo que me estaba pasando. No había podido avanzar y a él se le ocurrió la peor de las soluciones: que trabajara la canción con Diego... ¡y que la preparara para cantarla juntos en el espectáculo!

Me quedé helada, no me lo podía creer. ¡Diego y yo no podíamos trabajar juntos!

—Sí, juntos. Esto es un dúo y creo que vuestras voces se complementan a la perfección. Además, esto ayudará a Diego a integrarse —dijo Pablo, muy seguro de su gran idea.

Diego me miró y sonrió, satisfecho. Yo no sabía qué decir e intenté excusarme.

—Es que es un tema romántico y quedamos en que terminaba con un beso... —No encontré las palabras justas para negarme.

—Un beso de ficción. Es parte del espectáculo —replicó Pablo.

—Quizá Violetta no se sienta cómoda cantando ese tema y besando a alguien que apenas conoce —dijo Angie.

Pero no hubo manera de convencerlo. Diego, cómo no, disfrutó mucho de la situación y se dispuso a trabajar. Angie se fue con Pablo, y yo sabía que iba a interceder por mí.

—Bueno, ¿cómo quieres que empecemos? Yo prefiero trabajar en algún lugar tranquilo, tu casa o la mía. O un bar, si quieres —parloteaba Diego, muy animado.

—¡No voy a trabajar contigo! ¡Olvídate! —grité.

No tenía la intención de aceptar semejante ridiculez. Era obvio que él lo había tramado todo y no pensaba dejar que se saliera con la suya. Me fui del Studio, furiosa.

Iba caminando, enfadadísima, cuando apareció León en su moto.

—¡Diego ya ha empezado a hacer de las suyas! No sé cómo, pero ha convencido a Pablo de... —intenté explicarle, nerviosa, pero él no me dejó terminar.

—No me lo cuentes, no quiero saber nada. No quiero perder el tiempo hablando de Diego. No dejaré que se entrometa entre nosotros...

Me invitó a montar y me llevó a un lugar de ensueño. León quería que pasáramos el día juntos, que estuviéramos solos él y yo. Fuimos al río, al rincón más especial del mundo. Mi malhumor se perdió por el camino.

Había un hermoso árbol en flor. León me contó que aquél era el lugar al que solía ir a pensar.

—Me gusta sentarme aquí y mirar al

horizonte. Dejar que el agua se lo lleve todo... —me explicó.

¡Lo amaba tanto...! Realmente era un chico muy pero que muy especial. Miramos hacia el horizonte en silencio y luego nos miramos, enamorados. Estábamos muy juntos, a punto de besarnos..., cuando sonó mi móvil.

León me pidió que no contestara. Yo dudé, pero no pude dejar de hacerlo cuando vi que era Esmeralda. León me miró, expectante, y Esmeralda me pidió que fuera rápido a mi casa.

—No te asustes. Tu padre está bien, no te preocupes. Pero es mejor que vengas a tu casa. No te puedo contar más por teléfono —me dijo, muy seria.

Tuvimos que irnos rápido. Le pedí a León que me llevara y, por supuesto, aceptó.

Al llegar a casa, mi padre no estaba, pero Esmeralda me dio la mala noticia:

—Lo han detenido.

No me lo podía creer, no entendía nada. En aquel momento mi mundo conocido se desmoronó. Esmeralda me abrazó y yo me aferré a ella. Tenía muchísimo miedo por papá. Esmeralda trató de consolarme, de convencerme de que todo se solucionaría, y por suerte... ¡mi padre volvió!

Me alegré de verlo, pero de inmediato noté que algo no iba bien.

—¿Por qué tienes esa cara? —le pregunté.

—Estoy bien, pero disponemos de veinticuatro horas para dejar esta casa.

Me quedé helada, mirándolo. No entendía nada.

—He tenido que entregarla como fianza para que me dejaran en libertad hasta el juicio —explicó papá.

—Y mientras tanto ¿qué vais a hacer? ¿Adónde pensáis ir? —preguntó Esmeralda.

Papá dijo que nos iríamos a un hotel y yo lo abracé, aterrada.

No podía creer que tuviéramos que mudarnos de nuevo. Mi padre llevó una maleta vacía a a mi habitación para que comenzara a guardar lo necesario para el hotel, aunque aún no sabíamos cuánto tiempo pasaríamos allí.

—Te he fallado —murmuró mi padre con tristeza—. Te prometí que se habían terminado las maletas para nosotros...

—Esto es distinto, papá. Esta vez nos vamos porque tenemos un problema, y vamos a afrontarlo juntos, porque somos una familia. No es lo mismo.

Mi padre estaba triste, preocupado y dolido. Yo traté de animarlo. Teníamos que empezar una nueva vida, pero lo más importante,

como siempre, era que íbamos a estar juntos. Le dije que se fuera a descansar. Al día siguiente vendría una empresa de mudanzas para llevárselo todo a un guardamuebles.

Por suerte León me llamó para darme las buenas noches. Quería ir a visitarme, pero le pedí que no lo hiciera: no quería poner más nervioso a papá.

—Conmigo puedes ser sincera, no hace falta que te hagas la fuerte —me dijo León, tan dulce y cariñoso como necesitaba que fuera en aquel momento—. Sé que estás sufriendo y que necesitas un refugio. Y yo quiero ser ese lugar.

—Es un momento para ser fuerte, León —contesté, emocionada, conteniendo las lágrimas.

—Y lo eres, pero déjame estar contigo, déjame abrazarte, cuidarte... Hacerte sentir

que, pase lo que pase, yo estaré ahí para ti. Nunca estarás sola.

Cerré los ojos y sentí cada una de las palabras de León. Y lo noté ahí, conmigo, presente, a mi lado.

—Te quiero —me dijo.

—Y yo te quiero más —respondí.

Todo se estaba desmoronando, pero mi corazón estaba más protegido y mimado que nunca gracias a León.

Capítulo 9

Cuando llegué al Studio todos sabían ya lo de mi padre. Me sentí muy apoyada por mis compañeros, que estaban preocupados por mí y querían saber cómo iba todo.

Yo necesitaba hablar con Pablo, así que le pedí que me escuchara unos minutos y le di la noticia delante de todos para que conocieran mi decisión.

—Ya sabéis la situación por la que está pasando mi familia, y esto no es fácil para mí, pero he venido a deciros que voy a dejar el Studio.

Pude ver el impacto en todos.

—¿Estás segura? ¿Es una decisión firme? —preguntó Pablo.

—Sí. La situación de mi padre es delicada, el Studio hay que pagarlo y no podemos permitirnos ese gasto —expliqué, conteniendo las lágrimas.

Las chicas enseguida pensaron en organizar una colecta y ayudarme a reunir el dinero, pero me negué: necesitaba aceptar la realidad y adaptarme a aquel cambio de vida.

León me abrazó fuerte y se ofreció a acompañarme a casa, pero le dije que no porque no quería preocupar aún más a mi padre. Me despedí de todos y me fui.

Francesca, Camila y Ludmila decidieron hacerme compañía, y vinieron a casa a ayudarme con la mudanza. Todo resultaba más fácil con ellas. Yo preferí no quejarme, no llorar y seguir adelante.

El timbre de casa sonó, fui a contestar y me encontré con León.

—Perdón, pero no podía más. Necesitaba verte —me dijo, abrazándome fuerte.

—Yo también. Menos mal que no me has hecho caso —contesté, refugiándome en su abrazo.

Las chicas se pusieron muy tensas al ver a León allí y no me dejaron volver a la habitación. Allí pasaba algo raro, porque se inventaron todo tipo de excusas para que León no subiera. Entré sola para ver qué era lo que ocurría y entonces lo entendí todo. ¡Diego estaba escondido en mi habitación!

Francesca y Camila intentaron ocultarlo para que León no lo viera, pero preferí evitar problemas. Tomé a Diego del brazo y lo saqué de su escondite. León comprendió que yo no tenía ni idea de cómo había entrado Diego.

—He venido a ofrecer mi ayuda y no a crear problemas —dijo Diego, impertinente—. Pero estas dos locas me han arrastrado al armario —añadió.

Camila y Francesca comenzaron a echarse la culpa la una a la otra. Diego se fue, enfadado, y yo me eché a reír a carcajadas.

—¡Casi me desmayo cuando he visto salir a Diego! ¿Cómo se os ha ocurrido meterlo en el armario? —dije entre risas.

Ellas me miraron entre avergonzadas y divertidas. León tampoco se enfadó. Una y otra vez, él hacía lo correcto, lo que yo necesitaba para amarlo cada vez más.

Por fin mi padre vino a recogerme: teníamos que abandonar nuestra casa. Me despedí de las chicas, abracé fuerte a León y nos pusimos a cargar las maletas en el coche.

Miré mi casa por última vez y recordé todo lo que habíamos vivido allí: aquella primera fiesta de mi vida, mis primeros acordes en aquel piano...

—Hemos sido felices en esta casa, ¿verdad? —le pregunté a mi padre.

Éste asintió, dolido, y sin decir más, nos fuimos.

Mientras nos alejábamos de la casa preferí no mirar atrás. Viajamos en silencio, ninguno decía nada, y de repente un taxi se atravesó en la carretera, bloqueando el paso. ¡Era Esmeralda! Mi padre se quedó atónito hasta que ella se bajó a toda prisa y vino hacia nosotros.

—¡No es necesario que os vayáis de la casa! —dijo, decidida—. Se me ha ocurrido una forma de arreglarlo todo. ¡Yo puedo levantar el embargo, pagando la fianza!

—Gracias, pero no puedo aceptar eso —replicó mi padre, muy apagado.

—Por favor, Germán, para mí sería un placer poder ayudaros. Sois como una familia para mí...

Mi padre se negaba una y otra vez, cohibido y avergonzado. Yo lo miré a él, la miré a ella..., ¡y se me ocurrió una idea genial!

—¿Y si Esmeralda viniera a vivir a casa? —propuse—. Total, Esmeralda está en un hotel mientras busca casa, así que...

Papá parecía más incómodo que nunca. Esmeralda sonrió con timidez, pero también parecía incómoda. Supongo que creía que yo estaba poniendo a mi padre en un compromiso.

Al final mi padre analizó toda la situación, pudo ver el deseo de Esmeralda de pasar más tiempo con nosotros y aceptó mi idea.

—¡Ahora soy yo el que te pide por favor que aceptes! Deja que te devuelva de alguna forma toda la ayuda que nos estás dando.

Esmeralda aceptó y celebramos la decisión: aquello era lo mejor para todos.

Volvimos a casa, guardé toda mi ropa de nuevo y le preparé el cuarto de invitados a Esmeralda. Olga se lució como nunca en la cocina, ¡nos alegrábamos tanto de estar de vuelta en casa...! Y todo gracias a Esmeralda.

Sentí que aquél era uno de los días más felices de mi vida, y se volvió aún mejor cuando vino Angie con una noticia increíble:

—¡He hablado con don Antonio y he conseguido que te den una beca! ¡Puedes volver al Studio!

No lo podía creer. Nos abrazamos, eufóricas, y salí corriendo al Studio. ¡No quería perderme ni una sola clase!

Debíamos estar preparados para los cambios, sin duda. Era increíble cómo todo se desmontaba y se montaba en un instante. Fue genial volver y ver la alegría de todos mis compañeros: de mis amigos, de los profesores... León también estaba feliz y orgulloso, todo volvía a la normalidad. ¡Salvo por Diego!

—¡No puedo creer que por fin vayamos a trabajar juntos! ¡No veo la hora de que empiece el ensayo! —dijo Diego, provocándonos.

La verdad es que yo no quería trabajar con él, pero León me dijo que debía comportarme como una profesional y hacer bien mi trabajo. Pese a todo, intenté hablar con Pablo para que eliminara mi participación en el espectáculo.

—No quiero traerte problemas, pero con

todo lo que está pasando, prefiero no tener tanta responsabilidad en el espectáculo —argumenté.

—¿Qué querés decir? —preguntó Pablo.

—¿Por qué no le das el dúo a Ludmila? Ella se está esforzando y ha cambiado mucho.

Pablo accedió; iba a decirle a Diego que debería ensayar el dúo con Ludmila cuando Pablo cambió de idea e insistió en que lo cantara yo.

—Entiendo que tienes muchas preocupaciones encima, pero sabes lo importante que es el compromiso que el Studio tiene con You Mix.

No pude negarme y acepté. Me senté al piano y comencé a trabajar con Diego intentando ser distante, profesional y eficaz. No me interesaba hablar con él de nada que no fuera el trabajo, pero Diego no dejaba de mirarme con intención.

—¿Qué pasa? —le pregunté, molesta.

—Eres muy guapa —dijo él, totalmente fuera de tono, como siempre—. Es que te miro y me cuesta concentrarme. ¿Qué culpa tengo?

—¡Una más de éstas y me voy!

De verdad que estaba harta. Era difícil trabajar con él. Tenía que estar en guardia en todo momento, esquivando sus halagos, sus intentos de galantería, sus chistes malintencionados.

Cantamos el tema muy profesionalmente. La canción nos estaba quedando muy bien y pude interpretar los sentimientos que necesitaba el espectáculo..., pero al final Diego lo estropeó todo intentando besarme.

Lo fulminé con la mirada. ¡Ni loca iba a besarlo yo en un ensayo!

—En algún momento sucederá, lo sabes —me insinuó él, disfrutando de mi incomodidad.

—Como parte del espectáculo, pero ¡no en un ensayo! —sentencié, cortante—. ¡Me pa-

parece horrible que uses esto para acercarte a mí! En el Studio las cosas no se hacen así.

Me fui, indignada por su actitud. No soportaba trabajar con él. León llegó y preguntó qué me pasaba, así que decidí contárselo:

—Cuando terminamos de cantar, Diego quiso que ensayáramos el...

—Te quiso besar... ¿Lo besaste? —preguntó él, más directo que nunca.

—¡Noooooo! ¿Cómo se te ocurre? —respondí yo, alarmada.

—Bueno, entonces no le demos tanta importancia. Es sólo una canción más, tranquila —dijo León, aliviado y comprensivo.

Lo abracé, agradecida. Él tenía esa capacidad de devolverme la paz en los momentos más difíciles. Cualquier situación parecía sencilla cuando él me escuchaba.

Aquella noche tuve un sueño horrible. Soñé que escuchaba cantar a León en un ensayo. Lo sorprendía aplaudiéndolo, me acercaba a él y le decía cuánto lo quería. Él contestaba que yo era la chica que le había robado el corazón, y cuando estábamos a punto de besarnos... ¡ya no era León, sino Diego!

Me desperté horrorizada. Me alivió descubrir que era sólo un sueño, más bien una pesadilla. Pero la realidad me preocupaba aún más: el beso con Diego iba a llegar y, durante el espectáculo yo no iba a poder evitarlo. ¿Qué le pasaría a León al vernos?

Capítulo 10

Acudí al Studio sin dejar de pensar en el ejercicio con Diego. Entré fantaseando con las mil excusas que le pondría a Pablo para no hacerlo cuando Francesca se me acercó con cara de horror y me dijo lo peor:

—Diego tenía una cámara grabando vuestro ensayo, seguramente para filmar el beso y usarlo para darle celos a León.

Me quedé helada, no había visto ninguna cámara durante el ensayo. Les dije a Fran y a Marco que si su intención era usar el vídeo para darle celos a León, no iba a lograrlo porque nunca nos besamos.

—En el vídeo parece que lo hacéis —afirmó Marco.

Me cambió la cara, miré a todos lados y por suerte justo entonces llegó Diego. Me fui hacia él hecha un basilisco.

—¡Eres de lo peor! —le grité, furiosa—. ¡Ojalá nunca te hubiera conocido!

Diego no entendía nada.

—¡Pusiste una cámara para grabar el beso en el ensayo! ¿Qué pensabas hacer, enseñárselo a León?

Intentó defenderse diciendo que sólo había grabado el ensayo para luego corregir errores, pero no le creí. También quiso calmarme diciendo que como no nos habíamos besado, la grabación no tenía nada de malo. Le conté lo que Francesca me había dicho y me miró, sorprendido. Según él, nunca llegó a ver el vídeo.

—Marco me prestó la cámara y se la devolví sin ver nada. Como te fuiste tan enfadada, no creí que la grabación fuera a servir.

Lo cierto es que sembró la duda en mí y quise ver el vídeo con mis propios ojos. Marco trajo su cámara pero surgió un nuevo problema: ¡alguien se había llevado la tarjeta de memoria! Alguien se había quedado con la grabación. Lo que ninguno de nosotros entendía era para qué.

Me aterraba la idea de que el vídeo circulase por el Studio. Estaba furiosa, indignada y echa un manojo de nervios. Y encima teníamos ensayo general, ¡iba a tener que besar a Diego delante de todos!

—¡Violetta! —oí de pronto.

Era mi padre. Había ido al Studio para agradecerle a don Antonio la beca. Me quedé de piedra: mi padre se quedaría a ver el ensayo y todo podía terminar en una catástrofe. Intenté inventar alguna excusa y le pedí que no se quedara.

—¡Porque me voy a poner muy nerviosa! Sabes que me vuelvo muuuuy tímida cuando estás delante.

Mi padre se lo tragó, se fue al despacho de don Antonio y yo me metí en el salón de actos para terminar con el ensayo lo antes posible.

Cantamos nuestra canción muy concentrados, pero cuando llegó el momento del beso final...

—¡No! —irrumpió mi padre con un grito desesperado.

Se hizo un silencio rotundo. Mi padre entró a toda prisa sin mirar a nadie. Se subió al escenario, me tomó del brazo y quiso que nos fuéramos lo antes posible.

—Señor... Era sólo un ensayo —dijo Diego, respetuoso.

—¡Ni se te ocurra abrir la boca! —le gritó mi padre, furioso.

Pablo intentó interceder. Papá estaba exagerando y yo sentía una vergüenza insoportable.

—¡Está claro que me equivoqué el día que permití que Violetta viniera a estudiar a este lugar! —exclamó mi padre.

Por mucho que intenté resistirme, mi padre acabó sacándome del salón de actos a rastras. ¡Estaba hecho una fiera!

—Papá, me estás haciendo pasar el momento más humillante de mi vida —susurré, suplicante.

Angie nos encontró antes de salir. Intenté explicarle lo que había pasado, pero mi padre estaba enfadado con ella por haberle ocultado que yo me besaría con un chico en el espectáculo. Angie y Pablo intentaron explicarle que era un beso de ficción, pero a él no le importó.

Pablo por fin consiguió convencerlo para que le escuchara y propuso que fingiéramos el beso delante de él para demostrarle que existía una manera de hacerlo sin besarnos de verdad. Con eso papá por fin se calmó, yo le dije que era un exagerado y volví a mis clases.

León estaba trabajando sobre su tema pero lo interrumpí para contarle lo ocurrido. Él no puso muy buena cara al enterarse y supe que algo le ocurría. No entendía por qué estaba molesto hasta que me miró con el ceño fruncido.

—¡He visto el vídeo, Violetta! ¡Lo he visto, así que no me mientas! Sé que besaste a Diego.

Me quedé helada. No entendía cómo había podido tener acceso a la grabación. Entonces supe que Andrés había sido el que había sacado la tarjeta de memoria de la cámara de Marco para mostrarle a León mi beso con Diego.

—A lo mejor parece que lo beso, pero te aseguro que no fue así. Además, ¿por qué te iba a mentir? —pregunté con sinceridad.

León me contempló, aún dudando. Se notaba que estaba dolido y decepcionado.

—Yo te quiero, León. Y como tú mismo dijiste la otra vez, mientras estemos juntos nada nos va a separar.

Nos miramos a los ojos y nos abrazamos. Por suerte me creyó, pero si las cosas seguían así, si alguien se había propuesto separarnos... No sé qué podría pasar.

Por la noche, en casa, la situación con papá seguía muy tensa. Yo estaba súper enfadada por el mal momento que me había hecho pasar y él estaba ofendido porque yo le había ocultado la escena del beso. Esmeralda intentó mediar entre nosotros diciéndome que mi padre me quería muchísimo, y entonces pronunció una frase especial, una frase que mamá alguna vez había escrito en su diario:

—"Siento que todo está en orden y que si estáis juntos nada malo podrá pasaros jamás".

Me pareció increíble escuchar esa misma frase en boca de Esmeralda y lo tomé como una señal del destino. Mi enfado desapareció e hice las paces con papá.

Al día siguiente tuve que volver a ensayar con Diego. Estaba muy molesta y le conté lo

que había ocurrido con León. Él se mostró despreocupado pero, en el fondo, yo sabía que le encantaba meterme en problemas. Hasta se ofreció a hablar con él para aclararle que nunca nos habíamos besado. Le pedí que no lo hiciera y que se callara. Lo único que quería era ensayar y terminar con aquel maldito espectáculo.

León estaba ensayando con los chicos y fui a verlo. Era simplemente brillante, cada segundo que pasaba me sentía más enamorada de él. Después del ensayo vino a hablarme muy serio.

—Te mentí —me dijo—. Te dije que mientras estuviéramos juntos nada ni nadie podría separarnos.

—No entiendo. ¿Qué dices? —le pregunté yo, absolutamente desconcertada.

—Que se acabó, Violetta —dijo, serio.

No me lo podía creer. Acabábamos de romper, así, de repente. No entendía qué había hecho para que me castigara así. León estaba furioso porque no creía que Diego y yo no nos hubiésemos besado. Me dijo que Diego se lo había confirmado.

Le dije que me dolía que dudara de mí y le pedí por favor que aguantáramos al menos hasta después del espectáculo, que eran los nervios. Faltaba poco para la presentación y después todo volvería a la normalidad. León accedió. Sin duda me amaba tanto como yo a él.

Diego y yo tuvimos un ensayo general. Jackie, Marotti y Pablo trabajaron con nosotros para montar el truco del final. Pusieron unas marcas en el suelo para que yo me guiara y la imagen del beso pudiera verse perfectamente. Yo estaba tensa y eso se notaba. Angie supo animarme y pudimos trabajar todos en paz.

Por fin llegó el día del espectáculo. León me dio uno de esos abrazos que siempre logran calmarme y nos prometimos disfrutar del *show* y no permitir que Diego nos arruinara el momento.

Fui a prepararme para dar lo mejor de mí. Sabía que en casa todos estarían siguiendo la transmisión por Internet.

Por fin empezó la función. Cantamos todos juntos y fue increíble, disfrutamos un montón. Luego llegó el momento de mi tema con Diego. León me dio fuerzas antes de salir al escenario.

—Voy a estar aquí, mirándote. Canta conmigo, olvídate de él. Mírame y cantemos juntos una vez más —me dijo dulcemente.

Salí al escenario feliz de tener un novio tan fantástico. Canté tranquila con Diego y, cuando llegamos al final de la canción, busqué la marca en el suelo para hacer el movimiento

que habíamos ensayado para fingir el beso.

Los nervios me traicionaron y trastabillé. No se notó mi tropiezo, pero perdí estabilidad y fui a caer en los brazos de Diego que, sin dudarlo..., ¡me besó!

Me quedé tiesa. No entendía lo que Diego había hecho. Busqué a León con la mirada, pero ya no estaba allí. Las chicas me miraron, asombradas. Nadie entendía lo que acababa de ocurrir.

Cuando la canción terminó, busqué a León por todos lados, pero había desaparecido y encima Diego me acusaba de haberlo besado. Afirmaba que me había arrojado a sus brazos a propósito.

—¡Reconoce que te has dejado llevar por la emoción y me has besado!

Nadie se creía que hubiera tropezado.

Volví a casa desconsolada. Corrí a abra-

zar a papá después de pasar el peor día de mi vida, pero él reaccionó frío como una roca.

—Lo que ha ocurrido no tiene perdón —me dijo, muy serio—. Confié en ti, te creí, y me has defraudado.

—No te entiendo, papá... —repliqué, agobiada.

—¡Me dijiste que no iba a haber beso y me mentiste!

Lo que me faltaba era soportar otro ataque de celos de papá. Discutimos y me dolió mucho que no creyera en mí, que pensara lo peor.

Me encerré en mi cuarto, triste y desesperada. Necesitaba hablar con León, pero él seguía sin responderme. Hasta que por fin mi móvil empezó a sonar. ¡Era él!

—¡León! —exclamé, angustiada—. Te he llamado un montón de veces, pero no me contestabas...

Se quedó en silencio. Sabía que estaba enfadado, pero no que iba a ser tan duro conmigo.

—Se ha terminado, Violetta. Estoy cansado. De verdad, hasta aquí hemos llegado.

No pude reaccionar, me quedé sin aliento.

—No te entiendo. ¿Qué...?

—Que no puedo más. Se ha acabado. Lo nuestro se ha acabado.

No podía creer que ni tan sólo me diera la oportunidad de explicarle lo sucedido.

—¿Vas a tomar una decisión sin siquiera escuchar lo que tengo que decirte? —le pregunté, dolida.

—Ya sé lo que pasó, yo estaba ahí. No tiene sentido que sigamos retrasando lo inevitable.

Traté de convencerlo de que las cosas no eran como parecían.

—No se trata de lo que parece, sino de lo que siento.

—¿Y qué sientes?

—Dolor —contestó, rompiéndome el corazón.

Me enfurecía pensar que Diego iba a salirse con la suya, y también no poder explicarle a León lo que realmente había ocurrido, pero ¡lo que más rabia me daba era que estaba rompiendo conmigo por teléfono!

—Si tuviera que decírtelo mirándote a los ojos, no podría hacerlo —confesó él, destrozado.

Le pedí que habláramos al día siguiente, le supliqué que no rompiera conmigo, que no tomara ninguna decisión precipitada.

—No puedo seguir con esto —me cortó, decidido.

—No quieres —agregué yo.

—Puede. Me hace demasiado daño, y tampoco creo que sea bueno para ti. Adiós.

No dije nada más y, tras un larguísimo silencio, León colgó.

León había roto conmigo y ya no había vuelta atrás. Me había roto el corazón y yo me quedé allí, con el móvil en la mano, sintiéndome más triste que nunca.